羅門創作大系〈卷二〉

都市詩

羅門◉著

文史哲出版社印行

國立中央圖書館出版品預行編目資料

都市詩 / 羅門著. -- 初版. -- 臺北市：文史哲，民84
面； 公分. --（羅門創作大系；2）
ISBN 957-547-942-4（平裝）

851.486　　84002946

羅門創作大系 ②

都市詩

著者：羅門
出版者：文史哲出版社
登記證字號：行政院新聞局局版臺業字五三三七號
發行人：彭正雄
發行所：文史哲出版社
印刷者：文史哲出版社
台北市羅斯福路一段七十二巷四號
郵撥〇五一二八八一二彭正雄帳戶
電話：三五一一〇二八
實價新台幣三二〇元
中華民國八十四年四月十四日初版

ISBN 957-547-942-4

誠以這系列中的十本書，做為禮物，獻給同我生活四十年、在創作中共同努力、給我幫助最大的妻子——女詩人蓉子。

每當我讀她的「一朵青蓮」與「維納麗沙組曲」等詩，那是我同其他詩人都無法只靠技巧與文字所能寫的詩——那是在人類高次元的情思世界中、以特有的內在生命機能與心靈纖維，所編織的具體可知、可感、可見的「雅典」「純摯」與「高潔」的情境，蘊含有宗教性的虔誠，在開放的內心感應磁場中，我的感動確實是超越常情與私情的；純粹是站在「詩」與「人」溶合的「天地線」上，所引起的；也不必在此故意隱瞞，因而，我這十本書，便不只是獻給我親愛的妻子——王蓉芷，也是獻給我敬愛的女詩人——蓉子。同時更是獻給所有愛護與關心我的讀者大眾，給我更多的批評與鼓勵，

羅　門

策畫者的話

◉林燿德

規畫這套書的目的，在於呈現羅門四十年來詩與藝術創造世界的完整藍圖。

從一九五四年在紀弦主編的《現代詩》上發表〈加力布露斯〉開始，羅門殫精竭力於建築自己龐碩的精神世界，發展獨樹一幟的「第三自然觀」，不僅以結構嚴謹、氣勢磅礡的詩作享譽於海內外，也在文學的哲學、藝術的批評乃至室內造型設計方面有長久的經營。

在四十年的光陰中，有些出版品早已絕版多時，為了集中展示羅門的精神原貌，提供現代詩研究者及愛好者參考品賞，《羅門創作大系》這種系列式的整編自有其必要。

卷一至卷六等六冊是按主題區分的詩集；卷七集中了關於〈麥堅利堡〉這首名作的迴響；卷八是記錄羅門思想的論文集；卷九是藝術評論集；卷十以匯集了燈屋的造型空間設計以及羅門與蓉子多年來的藝文生活影像。

一九九五年是羅門、蓉子結縭四十周年紀念，這套大系的編印在此時推出，也因而別具意義。

一九九五年三月十四日於臺北

羅門創作大系〈卷二〉

都市詩 目次

〇〇一 總序
〇三九 都市與都市詩（代序）
〇五九 都市之死
〇六七 都市你要到那裏去
〇七八 都市的旋律
〇八二 都市．方形的存在
〇八四 「麥當勞」午餐時間
〇八九 咖啡廳
〇九一 咖啡情
〇九三 卡拉ＯＫ
〇九五 車禍

○九六 摩托車
○九七 電視機
○九九 迷妳裙
一○一 露背裝
一○二 提007手提箱的年輕人
一○四 眼睛的收容所
一○五 都市的落幕式
一○七 玻璃大廈的異化
一○九 生存！這兩個字
一一一 主！阿門 平安夜
一一三 帶著世紀末跑的麥可傑克遜
一一七 上帝開的心臟病醫院
一一九 都市心電圖
一二三 都市 此刻坐在教堂作禮拜
一二五 寂
一二六 床上錄影
一二八 都市與粽子

一三〇 銀 行
一三二 搶劫與強暴
一三三 永恒在都市是什麼樣子
一三五 進入週末的眼睛
一三七 都市的變奏曲
一三八 塞車的後遺症
一四〇 鳥聲帶著早晨起跑
一四三 古典的悲情故事
一四七 長在「後現代」背後的一顆黑痣
一四九 後現代A管道
一五四 後現代0管道
一五六 「世紀末」病在都市裏
一五八 據說後現代是一隻狐狸

附錄部份有關評論

一六三 (1)分析羅門的一首都市詩……張漢良
一七六 (2)評羅門的都市之死……張 健
一七九 (3)在文明的塔尖造塔——羅門都市主題初探……林燿德

(4)城市詩國的發言人……陳　煌　二一六
(5)羅門及其「都市之死」……張　默　二三〇
(6)論羅門的城市詩……王一桃　二三五
(7)「城市詩國的發言人」——羅門都市詩……陝曉明　二六五
(8)新詩未來開展的根源問題……李正治　二七五

總序：「我的詩觀與創作歷程」

壹、我的詩觀

一、詩在人類世界中的永恆價值

關於「詩」，這一被認爲是人類生命與心靈活動最靈敏、深微、極緻與登峰造極的思想力量；也是人類智慧的精華；甚至被認爲是藝術家、文學家、哲學家、科學家、政治家、宗教家乃至「神」與「上帝」的眼睛，那是因爲「詩」具有無限與高視力的靈見，能看到世界上最美、最精彩乃至永恆的東西。故曾有不少著名人物讚言過「詩」：

・孫星衍的《孔子集語集解》說：「詩，天地之心，君德之祖，百福之宗，萬物之戶也。」（太平御覽八百四引詩緯含神霧）。

・亞利斯多德說：「詩較歷史更有哲學性，更爲嚴肅……」「詩有助於人性的倫理化」（顏元叔教授譯的「西洋文學批評史」二二頁與三六頁）。

・法國詩人阿拉貢說：「詩，不是天國的標誌；詩就是天國。」（我個人早年的讀書筆記）

・杜斯妥也夫斯基說：「世界將由美來拯救」（張肇祺教授著的「美學與藝術哲學論」

集三一頁）。此處提到的「美」字，使我想到詩將生命與一切推上美的巔峰世界這一看法時，那不就是等於說「世界將由詩來拯救」。

・美前故總統肯迪也認爲詩使人類的靈魂淨化。

事實上，詩在昇華與超越的精神作業中，一直是與人類的良知、良能、人道、高度的智慧以及眞理與永恆的感覺連在一起的，故「有助於人性的倫理化」以及在無形與有形中，「將拯救這個世界」與人類；並使這個世界與人類，活在更美好的內容與品質之中。

誠然在這個世界上，若沒有詩，則一切的存在，都只是構成現實世界中的種種材料，譬如自然界中的山只是山，水只是水，都只是構成「自然界」種種材料性的物體；人的世界中，從事各種行業的人，都只是構成「現實生活世界」有不同表現與成就的各種個體，尙不能獲得其內在眞正完美與超越的生命。這也就是說，若沒有詩，一切存在便缺乏美好的境界；陶淵明筆下的「採菊東籬下」，便像普通人採菊東籬下一樣，只是止於現實中一個有限的存在現象，不會聯想到「悠然見南山」的那種超物與忘我的精神境界，而擁抱到那與整個大自然共源的生命，超越時空而存在；王維也不會在觀看「江流天地外」，正在出神時，進入「山色有無中」的那種入而與之俱化的境界，而擁抱無限。

可見詩是賦給人存在的一種最卓越的工具，幫助我們進入一切之內，去把握存在的完美性與無限性。因此，詩也是使一切進入其存在的「天國」之路，如果這個世界確有眞正的「天國」。我深信，當存在主義思想在二十世紀對生命的存在，有了新的覺醒與體認，對上帝的存在提出質疑，人類若仍堅持信上帝、神與天堂是人類生存所企望與嚮往的世界；是宇宙萬物生命的永恆與完美的象徵，尙可將一切導入永恆與完美的位置——「天堂」，則詩人超越的心靈工作的過程與完成，便正是使一切轉化與昇華到這一類同的世界裡來，還有誰較詩人更具有那種高超特殊的智慧與才能，能確實去執行那眞正存在於人類內心中的華美的「天堂」之工作呢？事實上，一個偉大的詩人，在人類的內心世界中，已被認明是一個造物主，它不但創造了「生命」，而且擴展與美化了生命存在與活動的無限境界，並創造了內心另一個華麗壯闊的精神「天堂」。同上帝的「天堂」相望。

的確，詩人在人類看不見的內心世界中創造了多項偉大不凡的工程：

1. 創造了「內心的活動之路」

詩人在創作的世界中，由「觀察」至「體認」至「感受」至「轉化」至「昇華」的這條心路，不但可獲得作品的生命，而且也可使萬物的存在獲得內在無限美好與豐富的生命。

譬如當詩人看到一隻棄置於河邊的鞋時，經由深入的「觀察」、「體認」與「感受」這條心路，而聯想到那是一隻船，一片落葉，便自然使鞋的存在立即「轉化」且「昇華」爲對內在生命活動的觀照與無限的感知——顯示出存在的流落感與失落感，進而揭發時空與生命之間被割離的悲劇性，而引起內心的驚視與追思，於是那隻沒有生命的「鞋」，便因而變成爲一個具有生命的存在了；又如，當詩人看到一隻廢棄在荒野上的馬車輪，由於他的靈視能超越一般人只能看到的材料世界（只是一隻破車輪），進而透過詩中的「觀察」、「體認」、

「感受」、「轉化」與「昇華」，這一「內心的活動之路」，便深一層看到那隻馬車輪，竟是轉動萬物的輪子，也是一條無限地展現在茫茫時空中的路——從它輪子上殘留下來的泥土看，可看到它通過無限空間所留下的痕跡與聲音，從它輪子上生銹的部份看，可看到與聽到它通過無限時間所留下的痕跡與聲音；當它此刻停放在無邊的荒野上，被詩人望成一種路，這種「路」，便絕非是現實世界中看到的具形與有長度的「路」，而是向內「轉化」與「昇華」爲萬物生命在時空裡無終止地逃奔與流浪的那種看不見起點與終點、也難指出方向的「路」——展示於靈視世界中的「路」，這種「路」，是吞納所有的鞋印輪印以及一切動向與涵蓋千蹤萬徑的「路」，引人類朝著茫茫的時空，走入了深深的「鄉愁」，因而觸及那含有悲劇性與震撼性的存在的思境，獲得那「轉化」與「昇華」過後的更爲深入與富足的存在境界。又如詩人T.S.艾略特面對黃昏的情景，聯想成「黃昏是一個注進痲醉劑躺在病床上的病人」，那便是將「黃昏」這一近乎抽象的時間視覺形態，置入深入「觀察」、「體認」與「感受」中，「轉化」與「昇華」爲具有神態與表情的生命體而存在了，使我們可想見到整個大自然的生命，在此刻已面臨沉落與昏迷之境，而產生無限的感懷；又譬如詩人在面對死亡，寫出了「你是一隻跌碎的錶，被時間永遠解雇了」，詩中「跌碎的錶」，它將去記錄那一種形態的時間呢？詩中的「被時間解雇了」的生命，它將到那裡去再找工作呢？它將是何種形態的生命？沿著內心的追問，我們便的確可聯想到那消失於茫茫時空中仍發出強大迴聲的悲劇性的生命了，因而覺知到「死亡」竟也是一個感人的強大的生命體，這與詩人里爾克筆下

「死亡是生命的成熟』，是一樣耐人尋味了。

又譬如當現代詩人寫下「群山隱入蒼茫」，或寫下「凝望較煙雲遠」，其詩句中的「蒼茫」與「凝望」，原屬爲沒有生命的抽象觀念名詞，但這個名詞，在詩中經過詩人藝術心靈的轉化作用，便不但獲得其可以用心來看的生命形體，而且也獲得其超物的更可觀的存在了。

從以上所列舉的詩，可見萬物一進入詩人創造的「內心活動之路」——由「觀察」至「體認」至「感受」至「轉化」至「昇華」，則那一切便無論是否有生命（乃至是觀念名詞）都一概可獲得完美豐富甚至永恆存在的生命。因而也可見詩人的確是人類內在生命世界的另一個造物主。

2. 詩人創造了「存在的第三自然」

首先，我們知道所謂「第一自然」，便是指接近田園山水型的生存環境；當科學家發明了電力與蒸氣機等高科技的物質文明，開拓了都市型的生活環境，自然界太陽自窗外落下，電氣的太陽便自窗內昇起，再加上「人爲」的日漸複雜的現實社會，使我們便清楚地體認到另一存在的層面與樣相——它便是異於「第一自然」，而屬於人爲的「第二自然」的存在世界了。

很明顯的，第一自然與第二自然的存在世界，雖是人類生存不能逃離的兩大「現實性」的主要空間，但對於一個探索與開拓人類內在豐富完美生命境界的詩人與藝術家來說，它卻又只是一切生命存在的起點。所以當詩人王維寫出「江流天地外，山色有無中」、艾略特寫出「荒原」，我們便清楚地看到人類活動於第一與第二自然存在世界中，得不到滿足的心靈，是如何地追隨著詩與藝術的力量，躍進內心那無限地展現的「第三自然」而擁抱更爲龐大與豐富完美的生命。詩人王維在創作時是使內心與「第一自然」於和諧中，一同超越與昇華進入物我兩忘的化境，使有限的自我生命匯入大自然龐大的生命結構中，獲得無限；詩人艾略特在創作時，是與第一或第二自然於衝突的悲劇感中，使「生命」超越那存在的痛苦的阻力，而獲得那受阻過後的無限舒展，內心終於產生一種近乎宗教性的執著與狂熱的嚮往——這種卓越的表現，它不就是上帝對萬物存在於完美中，最終的企盼與祈求嗎？的確，當詩人的心靈活動，一進入以美爲主體的「第三自然」，便可能是與「上帝」華美的天國爲鄰了；同時我深信，只有當人類的心靈確實進入這個以「美」爲主體的「第三自然」，方可能擁抱生命存在的深遠遼闊與無限超越的境界；方可能步入內在世界最後的階程，徹底了解到「自由」、「眞理」、「完美」、「永恆」與「大同」的眞義，並認明「人」與「自然」與「神」與「上帝」終歸是存在於同一個完美且永恆的生命結構之中，而慧悟湯恩比心目中的「進入宇宙之中、之後、之外的永久的眞實的存在」之境，便也正是無限高超的輝煌的詩境。

當我們確認詩人創造了「存在的第三自然」，事實上也就是說，沒有「第三自然」，詩人便也沒有工作之地了，因爲「第三自然」是確實品管著詩人語言媒體中的「名詞」、「動詞」與「形容詞」是否能達成詩的要求，進入詩的世界。

譬如「窗」、「落葉」、「天地線」等停留在說明中的名詞，經聯想轉化使「窗」成爲是「飛在風景中的鳥」；「落葉」成爲是「風的椅子」；「天地線」成爲是「宇宙最後的一根弦」，方能出現詩。而此刻取代「窗」「落葉」「天地線」而更生的「鳥」、「椅子」、與「弦」，便只能在「第三自然」中出現，被詩眼看見，在「第一自然」與人爲的「第二自然」是不會出現的。同樣的，柳宗元將本應是獨釣寒江魚的「魚」這一名詞，在詩中轉化爲「雪」，寫成「獨釣寒江雪」，則這句詩便非寫給魚老板看，而是給哲學家看，因爲他釣的是整個大自然孤寂荒寒的感覺。當然「雪」這個名詞，既不是「第一自然」山上的雪，也非「第二自然」冰箱裡的雪，便又只能在「第三自然」中出現，被詩眼看見，收留在詩中。

又譬如在視覺世界中我們用「看」這個動詞。當飛機飛在雲上的三萬呎高空，宇宙間神秘無比廣闊無限的景觀與畫面，若只平面用「看」是「看」不出來的，即使進一步用「讀」這一使眼睛有思想與立體視感的動詞，取代「看」，也「讀」不出來，只有以「跪下來看」，方能充份表現出內心對浩瀚宇宙所流露的那種無限虔敬與膜拜的感動之情，讓「跪下來看」的「看」這一動詞，進入**N**度空間便「動」出那有表情與神態的無限感人的「動」境。而當「看」改成「跪下來看」，也只能在「第三自然」方會出現，被詩眼當做詩的「動詞」收留下來。同樣的，在聽覺世界中，詩人張說寫「高枕聽江聲」用「聽」這個動詞，被大詩人杜甫換上一個也含有聽覺的「遠」字這一動詞寫成「高枕遠江聲」，便造成何等不同的聽覺世界，張說寫的仍停留在散文平面說明的聽感世界——就是睡在枕頭上聽江水流動的聲音；而杜甫以「遠」字取代「聽」「聽」的世界不但隱藏著江水流動的遠近距離感而且尚有景物移動變化的情景以及人陷入往事不堪回頭與茫茫時空中的悵惘之感；如此，聽覺的世界，豈不呈現出立體乃至N度更豐富與開闊的空間。當然這個「遠」字取代「聽」字的聽覺也正是存在於「第三自然」之中，被詩眼看見收留下來的。

再下來如「形容詞」，古詩人寫「白鳥悠悠下」，用「悠悠」這個形容詞，眞是把美的白鳥，不但在飛中送進最幽美且鳴動著音韻的軌道，而且整個過程也美，白鳥也因「悠悠」的形容詞便更美得不可思議了，而這也都是在「第三自然」中被詩眼掃描進來的。如果寫「白鳥飄飄下」，用「飄飄」這一形容的動態，則不但飛的形態散漫不美，並將本來美的白鳥，反而變醜了。當然被詩眼監視的「第三自然」，是不會讓「飄飄下」這樣平庸不美的「形容詞」裝設在白鳥翅膀飛進來的。

的確「第三自然」已被視爲是無所不在的「詩眼」，一方面幫助人類在無限超越的內在世界中，進入美與永恆的探索；一方面監視與品管著詩人手中使用的名詞、動詞與形容詞三個重要的創作媒體與符號。同時「第三自然」所建構的無限廣闊與深遠的心象世界，更是所有詩人乃至所有藝術家永久的故鄉與「上班」的地方。

3.詩人創造了一門生命與心靈的大學問

譬如科學家面對「海」的存在，是在研究海存在的物理性——海的水質、鹽份、海的深廣度、海的產物、海的四季變化等。而詩人則多是坐在海邊觀海，把海看到自己的生命裡來，把自己的生命，看到海裡去；看到海天間的水平線，便發覺那是「宇宙最後的一根弦」；看到海上一朵雲在飄，便聯想「雲帶著海散步」，悠哉遊哉，畫面便也跟著顯映出王維與老莊來；凝望著海圓寂的額頭，便會聯想到哲人愛因斯坦與羅素等人的額頭；將藍藍的海，看成宇宙的獨目，又倒轉來看人類的眼睛，最多望了百餘年，都要閉上，而海的眼睛，卻望了千萬年仍在望——望著人類的鄉愁、時空的鄉愁、宇宙的鄉愁、上帝的鄉愁；更神妙的，是浮在海上的那條天地線，幾千年來，一直不停的牽著日月進進出出，從未停過；而海也一直握著浪刀，一路雕過來，把山越雕越高，一路雕過去，把水平線越雕越細，此時，難怪王維要把「山色有無中」的境界在詩中說了出來。由此可見詩的確是探索與創造那埋在事物與生命深處的一門奧秘的「美」的學問。

從詩人在上面所提供的多項重大創造中，我們可看出詩的確是使人類與宇宙萬物的存在，獲得一種無限的延伸，一種有機的超越，一種屬於「前進中的永恆」的存在；同時也說明詩人終歸是在「上帝」的眼睛中爲完美與豐富的一切工作的，尤其是當諾貝爾文學獎得主海明威喊出了這是迷失的一代；現代史學家湯恩比認爲人類已面臨精神文明的冬季，則詩人的存在，便更是人類荒蕪與陰暗的內在世界的一位重要的救主了；並絕對地形成人類精神文明的一股最佳且永遠的昇力，將人從物化的世界中救出來，尤其是在廿世紀後現代掀起解構與多元化的理念，導致泛方向感與泛價值觀所形成失控與散落的生存亂象，也更有賴詩在超越與昇華中的開放的視野與統化力，穿越各種變化的時空環境資訊與符號，於「無形中」提供一開放的新的一元性，來協和「心」「物」進入一個新的美的中心，再度在詩所創造的人類內心的「第三自然」世界②呈現人本與人文精神新的形而上性，使世紀末「存在與變化」的飄忽不定的生存現象面的內層，仍潛伏著一種穩定的有方向感的「前進中的永恆」的思想動力，維護人類繼續對生存有信望有意義有理想目標與有內心境界的優質化生命觀。

在廿世紀，我們雖難阻止科技的威勢繼續不斷的向未來不可知的物理世界開展，並具威脅性地佔領人類的人文與心理空間，但機器仍是由人主控的。人不能失去內心空間，屈服於科學的「帝國主義」；沒有詩與藝術，科學會變得粗卑與野蠻。人文思想如果被科技文明擊敗，則人在玩電腦，便也反過來被電腦玩。那時候，人追索的是「機器的兔子」，而非人的生命；人被迫逃離人內在生命的原鄉，這一波鄉愁較都市日光燈望著由田園菜油燈所產生的鄉愁更爲激烈，是故，人不能不醒覺的讓溫潤的詩心與人文思想進駐入機器冷漠的心裡去；也就是在科技創造外在的「玻璃大廈」的同時，更以詩與藝術的心靈，建造起內在世界更爲豪華與輝煌的「水晶大廈」，這樣，既可避免人類成爲追索物質文明的動物與野獸，又可使人類活在有外在花園也有內在花園的理想世界中。

寫到這我想採取較捷便與快速的途徑，在最後重點地摘錄部份我過去寫的「詩話」，來凸現出「詩」在過去、現在與未來，在人類生命存在以及思想與智慧活動的世界中，永遠具有卓越無比的價值。

·作官與做生意的，往往只能使我們在陶淵明的「東籬下」，採到更多的「菊花」，但看不見「東籬外」更無限的「南山」；而詩能夠。

- 詩能將人類從「機械文明」與「極權專制」兩個鐵籠中解救出來，重新回歸大自然原本的生命結構，重新溫習「風」與鳥的自由。
- 詩能將人類與一切，提昇到「美」的顚峰世界。①
- 詩能以最快的速度與最短的距離，進入生命存在的眞位與核心，而接近完美與永恆。
- 詩創造的美的心靈，如果死亡，太陽與皇冠也只好拿來紮花圈了；在我看來，詩已成爲一切完美事物的鏡子，並成爲那絕對與高超的力量，幫助我們回到純粹生命的領地。
- 詩與藝術能幫助人類將「科學」與「現實世界」所證實的非全面性的眞理，於超越的精神作業中，臻至生命存在的全面性的「眞理」。
- 詩在超越與昇華的美中，可使時間變成美的時間，使空間變成美的空間，使生命變成美的生命，使各種學問思想（包括科學、哲學、政治、文學與藝術）在最後都變成美的學問思想。
- 如果說在人類的生存空間內，優良的政治是硬體設備，則詩與藝術便是美好的軟體設備，更值得珍視。
- 古今中外，所有偉大的文學家與藝術家，他們雖不一定都寫詩，但他們不能沒有卓見的「詩眼」，否則在創作中便不可能看到精彩的東西，也不可能卓越與偉大，其實，他們都是不寫詩的詩人。
- 詩是人類精神世界的原子能、核能與微粒子。

· 詩在無限超越的Z度空間裡追蹤「美」，可拿到「上帝」的通行證與信用卡。

· 詩是打開智慧世界金庫的一把金鑰匙，「上帝」住的地方也用得上。

· 詩與藝術創造人類內心的美感空間，是建造天堂最好的地段。

· 如果神與上帝眞的有一天請長假或退休了，那麼在人類可感知的心靈之天堂裡，除了詩人與藝術家，誰適宜來看管這塊美麗可愛的地方呢？

· 如果世界上確有上帝的存在，則你要到祂那裡去，除了順胸前劃十字架的路上走；最好是從悲多芬的聽道，米開蘭基羅的視道，以及杜甫、李白與里爾克的心道走去，這樣上帝會更高興，因爲你一路替祂帶來實在好聽好看的風景。

· 詩與藝術不但是人類內在生命最華美的人行道，就是神與上帝禮拜天來看我們，祂也是從讚美詩與聖樂裡走來的。

· 將詩與藝術從人類的生命裡放逐出去，那便等於將花朵殺害，然後來尋找春天的定義。

· 太空船可把我們的產房、臥房、廚房、賬房與焚屍爐搬到月球去，而人類內在最華美的世界，仍須要詩與藝術來搬運。

· 世界上最美的人群社會與國家，最後仍是由詩與藝術而非由機器造的。

· 沒有詩與藝術，人類的內在世界，雖不致於瘂盲，也會丟掉最美的看見與聽見。

· 如果詩死了，美的焦點，時空的核心，生命的座標到那裡去找？

· 「詩」是神之目，「上帝」的筆名。

從上述的這些「詩話」中，我相信不但可看見「詩」在人類生存世界中所凸現的可觀價值，甚至可呼吸到詩在我們人類生命中無比的重要性，離開詩，便事實上等於是離開了那具有豐富、美好內容的「人」與世界。同時也可看出我執著地寫了四十年的詩，仍要堅持下去，是有充份的理由的——寫詩這件具有宗教性的嚴肅的心靈作業，對我已不只是存在於第一層面的「興趣」問題，也不只是玩弄文字遊戲；而是對存在深層價值與意義的追認，令使我以生命來全面的投入與專注的問題。誠然，詩已成為我企圖透過封閉的肉體存在，向內打開且建立起那無限透明的生命建築。人的生命，在我看來已是一首活的詩：人從搖籃到墳墓的整個過程，是詩的過程；人整個存在與活動的空間，是詩的活動空間；人整個活動的形態，也是詩的活動形態。的確詩能確切地透視與監控著一切在「美」中存在。

二、詩的創作世界

(一)詩創作世界的基本認定

我認為詩不同於其他文學類型的創作，是在於：

1. 詩的語言必須是詩的，具有象徵的暗示性；具有言外之意，弦外之音。

2. 詩絕非是第一層次現實的複寫，而是將之透過聯想力，導入潛在的經驗世界，予以觀照、交感與轉化為內心中第二層次的現實，使其獲得更為富足的內涵，而存在於更為龐大且永恆的生命結構與形態之中；使外在有限的表象世界，變為內在無限的心象世界。這也正是符合我內心的「第三自然螺旋型架構」的精神運作的基型——也就是將現實的「第一自然（田園）」與「第二自然（都市）」的兩大生存空間，經由心的交感轉化昇華，變為內涵更富足與無限的「第三自然」的景觀，詩方可能獲得理想與無限的活動空間。同時詩是藝術創作，必須具備下文所論談的高度的藝術性。

(二)詩多向性（NDB）①的創作視點

我主張多向性（NDB）的詩觀是因為詩人與藝術家是在「自由遼闊的天空」而不是在「鳥籠」內工作的。因為他拿有「上帝」的通行證與信用卡。故不宜標上任何「主義」兩字的標籤。同時任何階段的現實生存環境，以及創作上出現過的任何「主義」乃至古、今、中、外等時空範疇，乃至「現代」之後的「後現代」的「後現代」……等不斷呈現的「新」的「現代」，對於一個具有涵蓋力的詩人，都只是不斷納入詩人超越的自由創作心靈溶化爐中的各種全面開放的「景象」與「材料」，有待詩人以機動與自由開放的「心靈」，來將之創造與呈現出新的藝術生命。所以詩的創作不能預設框限，不能不採取開放的多向性視點。

1. 表現技巧的多向性：

(1)可用由外在實像直接呈現法（以景觀境）。

(2)可用自外在實像作形而上的表現法（以景引發心境）。

(3)可將內心眞實的感知，透過經驗中的實象，予以超越性的表現（透過抽象過程，再現新的眞象世界）。

(4)可自由運用「比」、「象徵」、「超現實」以及新寫實、白描、投射、極簡等技法，乃至電影、繪畫、雕塑等其他藝術技巧，以加強詩的表現效果。

2.內涵世界表現的多向性：

(1)可表現事物在時空中活動的種種美感狀態（其中有人介入；也可無人介入，只是純粹的物態美）。

(2)可表現人在時空中活動的種種美感情境，這方面應偏重。因爲它是對「人」的追蹤。這項追蹤，可在現實的場景，也可在超越現實的內心場景；可採取「大知閑閑」與「小知閒閒」的追法；可追入記憶中的故土；可追入戰爭中的苦難；可追入都市文明；可追入腰帶以上、腰帶以下；可追回大自然……甚至可把眼睛閉上，讓內心漂泊在沒有地址的時空之流上，緊追著那個從現實中超越而潛向生命深處的「原本」的人……。的確，凡是能引起我們內心感知的生命都去追，不必只限定在某一個方位上去追；可把內心擴大到目視與靈視看見有人與生命的地方都去追；甚至那躲在米羅、克利線條與悲多芬音樂中的看不見的「生命」，也不放過去追。這樣才能徹底與全面性地達到詩與藝術永遠的企意：詩人與藝術家應切實的到上帝遼闊的眼睛中，去展開多方面追蹤「人」與生命的工作。基於這一多向性的觀點，我曾經：

一、透過戰爭的苦難——在「麥堅利堡」、「板門店38度線」、「火車牌手錶的幻影」、「茶意」、「TRON的斷腿」、「時空奏鳴曲」、「歲月的琴聲」……「月思」、「

長城上的移動鏡」、「回到原來叫一聲你」、「遙望故鄉」、「炮彈・子彈・主阿門」與「世界性的政治遊戲」……等詩中，追蹤人的生命。

二、透過都市文明與性——在「都市之死」、「都市的落幕式」、「都市的旋律」、「迷妳裙」、「咖啡廳」、「瘦美人」、「都市你要到那裡去」、「方形的存在」、「摩卡的世界」、「車禍」、「提007的年輕人」、「傘」、「玻璃大廈的異化」、「眼睛的收容所」……等詩中追蹤人的生命。

三、透過對死亡與時空的默想——在「死亡之塔」、「第九日的底流」、「流浪人」、「鞋」、「睡著的白髮老者」、「車上」、「看時間一個人在跑」、「誰能買下那條天地線」、「回首」、「出走」等詩中，追蹤人的生命。

四、透過對自我存在的默想——在「窗」、「逃」、「螺旋型之戀」、「天空三境」、「傘」、「存在空間系列」、「有一條永遠的路」、「光住的地方」……等詩中，追蹤人的生命。

五、透過大自然的觀照——在「山」、「河」、「海」、「雲」、「樹與鳥」、「野馬」、「觀海」、「曠野」、「溪頭遊」、「海邊遊」、「晨起」、「飛在雲上三萬呎高空」、「一個美麗的形而上」、「大峽谷奏鳴曲」與「過三峽」……等詩中，追蹤人的生命。

六、此外透過其他的生存情境——在「光穿黑色的睡衣」、「美的V型」、「鑽石的冬日」、「女「悼佛洛斯特」、「都市的五角亭」、「重見夏威夷」、「餐廳」、「教堂」、「女性快鏡拍攝系列」、「手術刀下的連體嬰」、「海誓山盟」、「漂水花」、「完美是一種豪華的寂寞」、「悲劇的三原色」、「文化空間系列」、「詩的歲月」、「給藝術大師——米羅」以及「給青鳥」等詩中，追蹤著「人」的生命。

的確，從我第一首詩「加力布露斯」開始，三十年來，我是一直在現實或超越現實的內心世界中，透過詩以目視與靈視探望與追蹤著「人」的生命。並且一再強調的說：「凡是離開人的一切，它若不是死亡，便是尚未誕生」。而詩與藝術是創造「生命」的一門學問，凡是遠離「生命」的詩，只依靠知識化與腦思維機件所製作的任何藝術與詩的場景，都難免產生隔層、冷感與不夠眞摯；因爲呈裸在陽光下的綠野，同經設計拍攝出現在電燈光下的銀幕上的畫面式綠野是不同的。這也就是說，在詩的創作中，直接以「生命」進入與以腦製作成知識化的「生命」進入，是不同的。而我特別重視前者，因爲詩人必須將他的生命，送進時鐘的磨坊，去收聽生命眞實的回音，去永遠同人與生命對話，來從事詩的創作。否則，詩與藝術將失去最後的最主要的存在意義；甚至形成有沒有詩都無所謂的念頭。很多詩人都是因此停筆的。

㈢詩語言新性能的探索

1. 由於人類不斷生存在發展的過程中，感官與心感的活動，不能不順著這一秒的「現代感」，往下一秒的「現代感」移動，而有新的變化。這便自然地調度詩語言的「感應性能」到其適當的工作位置，呈現新態。否則，便難免產生陳舊感與疏離感。這可證之於年代越靠近三十年代的詩的語言，其疏離感之比例數便越大。

2.詩人能切實把握詩語言新的性能與現代感，即是抓住詩語言「入場券」、靠近「現代人生存場景」的最前排優先的位置，較具有「貼近感」。在此舉個例子：

·「用咖啡匙調出生命的深度」

·「要知道下午　去問咖啡」

·「咖啡把你沖入最寂寞的下午」

顯然的，第一句是相當深刻，但其語言的形態與活動的空間，放在現代越來越偏向「行動化」的急速度生活環境中，似乎是不夠新與不太適切了，那像是六十年代詩語言的貨色；第二句是抓住現代人生存於焦急的行動性以及「問」與「答」的實態，迫近生活自然呈現的實況，語言的呼吸、氣息與節奏，也化入現代人生命活動的脈動與意態之中；第三句，則更直接地向現代生活的「核點」投射，尤其是動詞就採用沖咖啡的「沖」字，既可使語言的動感與動速同現代人生命與機械文明活動的外在環境之動感與動速相一致，又可同古詩「黃河之水天上來」緣發與直感性的詩貌相應對：一是表現古詩人對大自然的直觀情況；一是創造這代人新的生存意境。從上述的三句詩中，可看出詩的語言是一直在追索它的現代感、它新的機能，以便有效地表現一切存在（包括大自然與都市）的新貌；否則停滯在陳舊的狀態中，失去較佳的吸力，是可見的。

(四)詩語言活動空間的擴展與建構

當現代詩人從古詩人偏向一元性自然觀的直悟境界，進入現代偏向二元性與多元性的生存世界；從寧靜、和諧、單純的田園性生活形態，進入動亂緊張、複雜、焦急的都市型生存狀況，接受西方現代科技文明的衝激，以及物質繁榮的生活景觀之襲擊，所引發人類官能、情緒、心態與精神意識的活動，都是以大幅度、大容量與多向性在進行，古詩的形態與「境界模式」，是否能擔任得了現代人龐雜的生存場景與心像活動的新型「舞台」呢？所以我覺得可考慮採取其他藝術的性能來擴展與構架現代詩語言活動的新空間環境——譬如我十四年前便已採用後現代解構觀念在「曠野」詩中，曾企圖使用立體派多層面的組合觀點以及採取半抽象、抽象與超現實的技巧，與「電影中有電影」（就在詩中溶入一首可獨立又可息息相關的詩）多元表現的手法，使詩境內部在施以藝術性的設造過程中，獲得較具大規模與立體感的結構形態，有如大都市建築，所呈現層疊聳立的造型美與展示出多層面的景觀。這樣做，當然是一種偏向於藝術性的構想——試圖把詩的「體態」，進一步當做藝術的「體態」來營造。看來顯已有目前出現的後現代創作的解構形態，再就是在一九九二年寫的二百多行長詩「大峽谷奏鳴曲」更是一首採取多元組合的立體空間架構觀念，企圖跨時空跨國界跨文化與藝術流派框限，以世界觀與後現代解構觀念所寫成的詩。

的確，一個現代詩人能不斷注意與探索詩語言新的性能與其活動新的空間環境，他便是不斷的持有創造性的意念，這一意念，將使所有停留在舊語態中工作的「比」、「象徵」與「超現實」等技巧，必須有所改變與呈示新的工作能力。譬如你在海灘上看到男女穿著泳衣在陽光與海浪中相擁抱，寫出「只有這種抱摟，才能進入火的三圍」。這句詩，在表面上看，是用「比」，其實是溶入了「象徵」與「超現實」的質素而表現的，使詩語言更具行動化且快速地擊中現代人心感世界的著火點。相形之下，五十年代六十年代所用的語言技巧，在此刻看來，都難免吸力與動速不太夠了。因此我認爲做爲一個現代詩人，應有銳敏的「現代感」，去發覺詩語言所面臨的新環境及在創作上所發生的一切可能性，以便運用最確切的語言媒體與方法，展現出具有新創性的世界來。同時我認爲詩人與藝術家面對傳統所採取的態度，絕對的決定了他創作的生命：凡是躲在「傳統」裡不出來的或逃避現代生活現場的詩人，他絕領不到具前衛性的「創作卡」。現代詩人接受傳統是基於本質而非形態的。他最關心的是專一的站在此刻的「我」的位置，去面對整個世界與人類的生命，發出一己具「獨特性」與「驚異性」的聲音，而與永恆的世界有所呼應。他在詩中，不放「長安」與「長衫馬掛」等字眼，照樣可把古詩傳統的質素吸收進去。譬如當我們讀了「江流天地外，山色有無中」、「黃河之水天上來」，與讀了現代詩「你隨天空闊過去，帶遙遠入寧靜」、「咖啡把你沖入最寂寞的下午」，是否發覺它們之間也有某些相同的質素？甚至進一步看出現代詩人站在自己生存的新時空中，穿越「傳統」與「現代」，進入此刻全主動性的「我」的發言「位置」——也就是進入新創性的語言環境，使現代詩不但呈現出異於古詩人的心境，而且也呈現出詩語言同存在與變化的時空相互動所產生的新的形態與秩序感。誠然，一個具有創造力的現代詩人與藝術家應該是有魄力與勇於將「古、今、中、外」溶解入自己這一瞬間的絕對的「我」

之中，去重新主宰著一切的存在與活動，以新的形態出現，並使之同永恆的感覺發生關聯。完美與卓越的事物，最後總是開放給全人類共享的，也絕限制不了它的範圍。因此詩人與藝術家的創作理念，不能不持世界觀。

三、要成為一個真正乃至偉大的詩人

1.他除了有不凡的才華與智慧，以及對藝術盡責外，也應該是一個具有是非感、良知、良能與人道精神的人；如果做爲一個詩人，沒有正義感、鄉愿、顚倒是非。做人都有問題，還做什麼偉大的詩人。

2.他最了解自由，對世界懷有全然開放的心境，擁有遼闊的視野，守望著一切進入理想的世界，他除了關心人的苦難；更廣泛的工作，是在解決人類精神與內心的貧窮，賦給生命與一切事物，以豐富與完美的內容。

3.他不同於賣藝者與雜耍者，是因爲他向詩投資的，是藝術與生命雙方面的。也就是他必須寫出有偉大思想的詩，也同時寫出有詩的藝術思想的詩。前者是詩中具有確實感人的偉大思想；後者是詩中具有確實傑出非凡的藝術表現理念與思考力。若只有前者，將對藝術本身的生命有傷害；若只有後者，將便使詩變成一種高級耍巧的行爲，失去「生命」內涵力的淵博感與偉大感，詩便難免浮面化，甚至淪爲文字的賣藝者，同其他行業的賣藝者，沒有兩樣，而忘掉詩人是往心靈與生命深層世界去工作的藝術家。

4.他必須具有對詩始終執著與嚮往的宗教情懷，不能被勢利的現實擊敗，若被擊敗，詩心已死，詩人都做不成，還談什麼偉大的詩人。

【附 註】

① 我所說的「美」，不只是快樂與好看悅目的一切。在詩與藝術的創作中，就是痛苦、寂寞、虛無、絕望、死亡、與悲劇的人生，也潛藏有美感。像詩人波特來爾表現「地獄」陰暗的悽「美」之光，詩人里爾克說「死亡是生命的成熟」，都含有「美」的存在。可見深一層的美，往往是靠深入的心去沉思默想的。

② 關於此處提到「第三自然」與「後現代」「世紀末」的相關互動話題，可參照我系列論文集中較詳的論談部份。

③ （NDB-NONE DIRECTION BEACON）是我在美國航空中心研習期間，看見的一種導航儀器，叫做「多向歸航台（NDB）」，飛機可在看得見、看不見的狀況下，從各種方向，準確地飛向機場。這情形，頗似詩人與藝術家以廣體的心靈與各種媒體以及高度的技術，將世界從各種方向，導入存在的眞位與核心，這便無形中形成我創作上「多向性」的詩觀。

貳、創作歷程

如果說寫詩，我在中學時代（空軍幼年學校六年制，等於高中），十六歲時，已開始在學校的壁報與校刊上發表過詩作。但那只是由於愛好貝多芬與莫札特充滿了力與美的古典音樂以及也讀一些古詩與翻譯過來的詩，加上我當時又做飛行員的夢……這些都無形中激發我內心對生命產生熱愛與美的顫動力，而自然潛伏著對詩與藝術的喜愛與嚮往。但我並沒有想會做什麼詩人，因爲我的未來是飛行。

至於我開始步上詩創作的路，那是在我進入空軍飛行官校，代表空軍打足球傷腿，離開空軍到民航局工作，於民國四十三年認識早已聞名詩壇的女詩人蓉子，在她詩情與愛情的雙重激勵下，才開始認眞的寫起詩來的。

我的第一首詩「加力布露斯」，於民國四十三年被紀弦先生以紅字發表於「現代詩」季刊封底，確引起詩壇的注目，曾有些詩友戲言：「羅門你第一炮就紅了」。後來連續在覃子豪先生主編的「藍星」詩刊上發表不少長短詩，接著在民國四十四年四月十四日星期四下午四時，與女詩人蓉子在禮拜堂結婚，覃子豪先生特在公論報副刊的「藍星詩週刊」上，以整版刊登他本人以及名詩人鍾鼎文、彭邦楨、李莎、謝菁等人的賀詩，並在婚禮上由詩人紀弦、彭邦楨與上官予等分別朗誦，紀弦先生並特別朗誦我的「加力布露斯」，確爲婚禮帶來不少詩的光彩。覃子豪先生更在婚禮專刊上，讚譽我們爲中國詩壇的勃朗寧夫婦，成爲佳話。直到現在。

這些慰藉與鼓勵在當時，加上蓉子婚後的溫情與彼此的互勉，我便在詩神的安排下，以無比的狂熱與浪漫的激情，不停的創作，並成爲藍星詩社的仝人，以及後來主編藍星詩刊、年刊，與自民國六十五年（一九七六）起，擔任藍星詩社社長，直至目前。

回憶四十三年（一九五四）我以第一首詩「加力布露斯」，步上詩壇。當時在詩中對生命、友情、愛情與理想的追求，寫著『加力布露斯！你的聲音就在風中嗎？你的視線是否在陽光裡……如果你回來時，我已雙目閉上，那時心會永遠死去，黑夜會在白晝裡延長，海洋也會久久的沈默，你知道歲月之翼，不能長久帶引我，在生命的冷冬，我會跌倒於無助之中……』以及在「啊！過去」詩中，對時間的感懷：『……你！過去，我心底往日的遊地……。在不同的追路上，昨日是你，明天是我，唯有時間的重量，才能把我推倒後，帶交給你，而那時，我是陷在長久無夢的沈睡之中，心是一無所感了……』；在「寂寞之光」詩中所流露的戀情：『……在無光的冬夜，我這裡通明溫馨，刻刻等你，我已熟悉你來時踏響我心的樓梯之音，如造訪的馬車的蹄聲，擊亮我深居的幽靜的庭園……』；在「海鎭之戀」詩中所表現的童時的憶念：『那海鎭，如南方巨人藍色寬邊帽上的一顆明亮的寶石，我童時的指尖，曾捕捉它的光輝……』……等這許多三十多年前想像力頗爲任放與感性頗具沖激性的語言，都可說是道道地地的偏於浪漫詩的抒情傾向；在當時，雖也偶爾寫出一些相當單純與清晰的意象詩，如「小提琴的四根弦」詩中，對人生歷程的刻劃所寫的：『童時，你的眼睛像蔚藍的天空；長大後，你的眼睛像一座花園；到了中年，你的眼睛像海洋多風浪；晚年來時，你的眼睛成了寂寞的家。』……。然而在整體上看來，那時期我詩的語言，很明顯的，是處在浪漫詩的階程。或許「加」詩中的「你的聲音就在風中嗎？你的視線是否在陽光裡」已多少含有超現實的意味與感覺。直至四十七年（一九五八），「曙光」詩集出版的那一年內，連獲藍星詩獎與中國詩聯會獎等兩項獎後，才算是結束了我浪漫時期的作品。

四十九年（一九六〇），完成了長達一百多行的「第九日的底流」，詩中對生命與時空所激發出的回音：『……常常驚異於走廊的拐角，如燈的風貌向夜，你鎮定我的視度……當綠色自樹頂跌碎，春天是一輛失速的滑車……當晚霞的流光，流不回午前的東方，我的眼睛便昏暗在最後的橫木上，聽車音走近，車音去遠……』。這些語言，顯已把「曙光」時期浪漫情思外射的紅色火焰，向內收斂，而冷凝與轉化成爲穩定與較深沉的藍色火焰。從此也開始走進抽象與象徵乃至含有超現實感覺等表現的路途上來了，當然，在另一方面，由於個人情思世界，隨著歲月而深廣，語言所經營的精神深廣度，便也不能不加強。尤其是當現代詩與現代繪畫，都正熱中於透過抽象過程，去深一層觸及內心的眞實。所以緊接著這首長詩之後，我五十年（一九六一）到菲律賓去訪問，寫了一首「麥堅利堡」，表現第二次世界大戰，死在太平洋中的七萬美軍的悲慘情景，因思想性的加強，語言的功能與活動的趨勢，便也加強。於是一種偏向於現代藝術表現主義的技巧，便自然的潛進「麥」詩中來。如詩中的『戰爭！坐在這裡哭誰，它的笑聲，曾使七萬個靈魂陷落在比睡眠還深的地帶；……太陽已冷，星月已冷，太平洋的浪，被炮火煮開也冷了……，血已把偉大的紀念沖洗了出來……，你們是不來也不去了……太平洋陰森的海底，是沒有門的……』。這首詩後來被國際UPLI詩組織譽為近代的偉大之作，頒獲菲總統金牌，確對我創作帶來一些激勵作用，使我也大膽地將詩推入更深廣的精神層面。

此後，在「都市之死」一百多行的長詩中，對現代都市文明進行透視所做的批判：『人們用紙幣選購歲月的容貌……，在這裡腳步是不載運靈魂的……凡是眼睛都成為藍空裡的鷹目……，人們在重疊的底片上，再也認不出自己……，沉船日，只有床與餐具是唯一飄在海上的浮木……，一具雕花的棺，裝滿了走動的死亡……』與在「死亡之塔」將近三百行的長詩中，對生命與死亡所發出的感慨：『你是一隻跌碎的錶，被時間永遠解雇了……，用右腳救起左腳，總有一隻腳，最後成為碑，成為曠野的標記……，當封在彈疤裡的久遠戰場，被斷臂人的尼龍衣裹住，我們即使是子彈，也認不出傷口……，當棺木鐵槌與長釘，擠入一個凄然的音響，天國朝下，一條斷繩在絕崖上……，鋸木聲叫著鳥，火焰叫著煙流，煙流叫醒域外，在域外，連歸雲都睡著了……』以及一些脫離了浪漫抒情時期的短詩：

·如「彈片·TRON的斷腿」詩中表現戰爭冷酷的一些詩句『一張飛來的明信片，叫十二歲的TRON沿著石級走，而神父步紅氈，子彈跑直線……，當鞦韆昇起時，一邊繩子斷了，整座藍天便斜入太陽的背面……』

·如「車禍」詩中表現都市文明冷漠面，寫的一些詩句『……他不走了，路反過來走他，城裡那尾好看的週末仍在走……』

·如「迷妳裙」詩中，表現現代都市生活銳利的官能反應與特殊的視覺經驗，寫的一些詩句：『裁紙刀般，刷的一聲，將夜裁成兩半……』

·如「流浪人」詩中，表現現代人被冷酷的時空與都市文明放逐中的孤寂與落寞感，寫的一些詩句：『被海整得好累的一條船在港裡，他用燈栓自己的影子，在咖啡桌的旁邊，那是他唯一隨身帶的動物，而拉蒙娜近得比什麼都遠……，他帶著隨身帶的影子，朝自己的鞋聲走去，一顆星也在很遠很遠裡，帶著天空在走……』等，都不難看出我自四十七年拋開浪漫詩風過後，是急速且不斷地向現代新的生存層面、新的心象活動世界，去探索與極力塑造那具有「現代感」、「現代精神意識」以及至爲繁複、尖銳與具強大張力的意象語。我甚至相信強有力的意象語，是精神與思想的原子能，能在人類心靈中，產生無比的震撼力。

就因爲這樣，在那時期，我繁複的意象語，便也像是油井一樣，不可抑制的到處冒開來，形成我個人詩語言特有的氣勢與形態。詩人兼詩評家陳慧樺教授，曾評我當時的詩時說：「讀羅門的詩，常常會被他繽紛的意象，以及那種深沉的披蓋力量所懾罩住……，不管在文字上、意象的構成上等等，羅門的詩，都是最具有個性的。他的詩，是一種龐沛的震撼人的力量，時時在爲『美』工作，是一種新的形而上詩……」①；一位在政大任客座的美籍教授詩人高肯博士（W.H.Cohen）說：「羅門是一位具有驚人感受性與力量的詩人，他的意象燃燒且灼及人類的心靈，我被他詩中的力量所擊倒……」②詩評家蕭蕭在文章中說：「羅門的詩，有強大的震撼力，他差遣意象確有高人一等之處」③；於不久前，詩評家張漢良教授更進一步的說出：「羅門是臺灣極少數具有靈視的詩人之一，他寫反應現代社會現象的都市詩，是最具有代表性的詩人……」④。上面這些對我激勵的話，都可說是對我自四十七年（一九五八）之後全面地投入「現代型」的心象世界，去探索與創造那具有現代感與獨特性的詩的語言世界，所產生的迴響。的確在語言探索與創造的漫長的旅途上，面對著的挑戰與體認，是夠多且不斷地發生的，嚴肅而深具意義。

當我從「窗」詩中的「猛力一推，竟被反鎖在走不出去的透明裡」這一現代型悲劇所形成潛在性的自我意識之困境，衝出去之後，「東方」與「中國」，在我心靈深處所潛伏的和諧的一元性自然觀，於經過現代西方文明二元性的生存觀之強大沖激，所產生的變動與蛻化，確實使我有所頓悟與產生不凡的意義：㈠東方與西方的文化，在現代，已非孤立與相排拒的存在；而是彼此不能不相互地吸取彼此的精華，去面對全然開放性的無限創造的境域。事實上也是如此，國際上兩位被公認的西方大雕塑家布朗庫斯與亨尼摩爾，便是吸取了東方的和諧感與圓渾感；同樣的，我國當代在國際上享譽的趙無極與林壽宇兩位畫家，也都吸取了西方在創作上的新觀念。這足可證明人類具創造力的「腦」與「心」，是絕不會去拒絕世界上所有美好的事物的。於是我覺得我那句詩工作的位置，對我來說，是有啓示的。它既不是重複陶淵明「悠然見南山」的自然觀；也非受制於西方理知與機械文明所分解的思考世界，而是站在東西方二大文化在「現代」的沖激中，企圖抓住人存在於原本中的精神實態與實境。這種歸向「人本」的緣發性與靈悟性，仍應是偏向於東方文化探本朔源的範疇，但它畢竟是從「現代」的位置，以新的形態與意涵偏過去的，於詩的創作精神世界，應有創新的意義的。

㈡使我更有信心去面對與不斷發覺語言的新境域；而且確信語言的新境域，又將不斷更新詩表現技巧中的手法——諸如象徵與超現實以及直敘白描等在創作中產生變化與呈現新態。譬如上述「窗」詩中的那句詩，不就在藝術表現中，呈示不同古詩乃至以往新詩的超現實的表現嗎？就是在使用比的手法中，蘇東坡的「好風似水」，固然比得很好，但做爲一個現代詩人，在不同的時空中，對事物的觀察與思考，難免有不同的角度。於是當我在詩中寫「落葉是風的椅子」這樣的「比」時，是否因語言多加進了一個蒙太奇掃描的「動感」鏡頭，便也因此在工作中增加效果呢，可見詩人對語言與技巧的探索與運用，是順乎詩人的心象，在不同的生存處境中活動，而不斷有新的發現與創見的。

綜觀全集，不難看出我在語言探索與創造的旅程上所努力與探求的方向：

1. 我的「語路」一直與我的「心路」永遠並行——這也就是說我的語言是我的生命通過「現代」的時空位置，對人存在於「都市」與「大自然」兩大生存空間所遭遇到的「生死」、「戰爭」、「自我」、「性」與「永恆」等重大生命主題予以對話與沉思默想，所發出一己的獨特的聲音；同時也更企求這聲音，必須與人類存在的生命相呼應。

2.強調語言的「現代感」與個人獨特風格的建立——也就是說，我一方面在力求語言能進入現代官能與心態活動的新境與前衛的位置去工作；一方面更力求一己的語言在工作中的獨特性與新創性。

3.從「曙光」的浪漫抒情，到「第九日的底流」、「死亡之塔」、「隱形的椅子」、「曠野」、「日月的行蹤」、「停上呼吸在起跑線上」、「有一條永遠的路」、「與誰能買下那條天地線」……等詩集，偏向於現代人繁複的心象活動所做的象徵、超現實、投射與直敘的表現，以及近年來，不少詩中採取較平易與明朗（但仍強調其深度與密度）的語路……都大致可看出我語言的走向——是由早期想像任放與較淺明的直敘的語態（如上面列舉「曙光」時期的詩例）；轉變爲中期意象繁複繽紛複疊與較深入的悟知語態（如上面列舉「曙光」時期以後的詩例）；再就是後來大部份詩的語言，都盡力走上『有深度的平易性』、『穿過錯雜的直接性』與『透過繁複的單純性』等的語路。

如在「晨起」詩中的語句：「站在頂樓　一呼吸　花紅葉綠天藍山青……，此刻要是不飛／鳥那裡來的樣子」。

「茶意」詩中的語句：『……整個視野靜入那杯茶中，歲月睡在那裡，血淚也睡在那裡，……沉在杯底的茶葉，全都醒成彈片，如果那是片片花開，春該回，家園也該在……』。

「賣花盆的老人」詩中的語句：『他推著一車歲月，擺在巷口賣，坐在盆外，他也是一隻空了卅多年的老花盆，直望著家鄉的花與土……』。

「日月的行蹤」詩中的語句：『獨坐高樓看雲山，山看你是雲，雲看你是山。山坐下來，連著地；雲遊起來，伴著天！』。

「海邊遊」詩中的語句：『……涉水時，雙腳是入海的江河，嘩然一聲藍，雙目已飛起海天的雙翅……。歸帆把黃昏運回岸邊，拋下一束沉寂，只有東南西北站在那裡偷看……』。

在「車上」詩中的語句：『張目是風景，閉目是往事，一回首，車已離地去，身在雲裡，夢在雲外……凝望溶入山水，山水化爲煙雲，煙雲便不能不了，事情總是這樣了的』。

在「摩托車」詩中的語句：『一條揮過來的皮鞭，狠狠的鞭在都市撒野的腿上……』。

在「溪頭遊」詩中的語句：『山在雲中走，雲在山裡遊，你是山，也是雲。雲遊，千山動；雲靜，山已睡了千年……。林鳥穿過千樹，碰碎滿山的青翠，滴滴落入泉聲，是誰在彈古箏』。

在「觀海」詩中的語句：『飲盡一條條江河，你醉成滿天風浪；浪是花瓣，大地能不繽紛；浪是翅膀，天空能不飛翔，浪波動起伏，群山能不心跳……』

在「曠野」詩中的語句：『你隨天空闊過去，帶遙望入寧靜……，鳥帶天空，飛向水平線；人帶護照，逃往邊界；你帶煙雲，返回原來……』在「漂水花」詩中的語句：「我們蹲下來，天空與山也蹲下來」。

從這些抽樣性例舉的語句中，可看出我目前語言的走向，的確是除了強調語言的現代感與新意；便是往較明朗、直接與單純但堅持精神深度與質感的方向發展，如前幾年寫的「傘」中，更是企求語言以「平易」、「自如」的「直敘」形態與勢能，進入詩中非常具有「現代感」與「行動化」的四個實視空間去工作。這四個實視空間，便是相關連、緊緊扣在一起發展的——「現實中的實視空間」、「記憶中的實視空間」、「超現實中的實視空間」與「禪悟中的實視空間」，茲將「傘」詩列舉於後：

他靠著公寓的窗口
看雨中的傘
走成一個個
孤獨的世界
想起一大群人
每天從人潮滾滾的
　公車與地下道
裹住自己躲回家
　把門關上

現實的

記憶的

忽然間
公寓裡所有的住屋
全都往雨裡跑　　　　超現實的
直喊自己
也是傘
他愕然站住
把自己緊緊握成傘把
而只有天空是傘　　　　禪悟的
雨在傘裡落
傘外無雨

這首詩，很明顯是運用白描直敘、以及生活口語化與行動性的語言，所構成一潛藏在語言滑動平面下的立體空間，以表現出現代人生活在現代都市與內心深處至爲嚴重的孤寂感。可見我是想把過去緊密的意象語，鬆開來，再度以看不見但較前更大的內壓力，緊緊抓住對象的要害。

從上面一連串闡述我詩語言在發展過程中，所遭遇、面對與呈現的，大致可看出我除了強調「現代感」（因「現代感」含有創作的三大卓越性——「創新性」、「前衛性」與「震撼性」）外，也注意到吸取古詩有機的質素與精華，尤其是它的精純感與緣發的直敘性，如：「克勞酸喝得你好累」、「刷的一聲，把夜裁成兩半（迷妳裙）」、「張目是風景，閉目是往

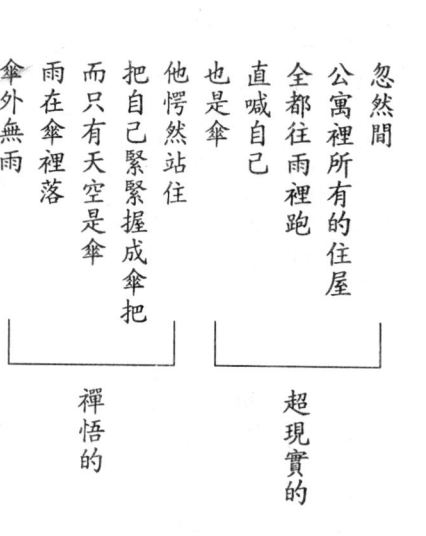

事」、「猛力一推，竟被反鎖在走不出去的透明裡」、「逃是鏡中的你」、「鳥不在翅膀上，天空的上面是什麼呢？」、「雲帶著海散步」、「往事把車窗磨成一片朦朧」、「窗是飛在風景中的鳥」、「蹄落處，花滿地；蹄揚起，星滿天。」、「浪來天更高、浪去天更遠」、「海握著浪刀，把山越雕越高，把水平線越雕越細」、「涉水時，雙腳是入海的江河」……等都可說是已多少吸收了古詩的某些精華，並以開放的心境接受西方現代藝術思潮的影響，而全然轉化到具有我個人特殊風貌的創作世界中來，這也是我一直堅持的創作觀點，那就是：『做爲一個現代中國詩人與作家，他首先必須是中國人，同時必須是現代的中國人，也必須是關心到全人類的現代中國人，最後更必須是他不斷超越中的獨特的自己。』

此外，我想順便說的，是在我的詩選集中，有兩首詩是以詩來寫詩論的詩：「門與世界與我的奇妙連線」一詩，是寫論詩的奇妙的想像力；「山的世界」一詩是寫構成詩世界中的「意象」、「語言」與「結構」等三大主要支柱。至於「古典的悲情故事」、「後現代A管道」、「在後現代都市裡各玩各的」、「世紀末病在都市裡」以及「長在後現代背後的一顆黑痣」等詩，那是針對後現代目前的生存環境與藝文空間普遍產生的盲點，而以後現代詩的創作意識與形態，批評在泛價值觀與泛方向感裡已形失控、飄忽搖擺的後現代現象。並且在「有一條永遠的路」那首詩中，堅信人類創造的智慧，仍是帶有歷史感與深層的價值意義，永遠走在「前進中的永恆」的途徑上，繼續對人類在目前所呈現的後現代思想，尤其是後現代創作思想可能或已經偏向於「存在與變化」的低層次「消費文化思想」性格，提出警示與防範。因為「前進中的永恆」，既可包容「存在與變化」，又可將之提昇入思想高層次的具有持續性（就永恆性）的存在與活動的境域，同思想家湯恩比的進入宇宙之中之後之外的無限眞實存在的精神世界有通連與交會。因此可見後現代以及未來的後現代的後現代，在「前進中的永恆」的詩創作無限地存在下去的精神思想的途徑上，都只是許多階段性的過程；而只有能確實通過階段性的過程，進入「前進中的永恆」的境域，方是一個詩人與藝術家以高度智慧從事人類精神文明事業的終極企求與目標。

最後，我想在此特別感謝文史哲出版社彭正雄先生，在嚴肅文學趨向極度低潮的時刻出版我創作的系列書。他付出的心力與這股盛情，我除了感激，更對他偏重文化不以營利為主、從事出版事業所表現文化人的高度素養與品格表以敬佩。當然更使我終生難於忘懷的是女詩人蓉子，他四十年來相處，給於我生活中的慰勉與諧和以及安定感，使我能專一的投入詩與藝術的創作世界。如果我的努力確實獲得某些理想的成就，則我對蓉子的感謝，便多出了一種感恩的心情。

附語

在詩創作世界藝術表現的馬戲團裡，有各項表現。

(1)有人抱著感情，又歌又唱，又跳又舞，以綜藝的普通演技與格調，娛樂觀衆。

(2)有人以遊戲方式，玩耍撲克牌，手法明快靈巧，過程也精彩美妙，可說是十足的耍巧，如果比做拉小提琴，技巧到家，但弓只拉在提琴的弦線上，沒有拉心靈中的琴線。

(3)有人耍魔術，或把躺著的人，以遮眼法浮昇到空中，眞是魔幻般，使觀衆又迷又信又幻，稱好叫絕。但過後大家都猜疑甚至確定它不是眞的。或把人裝在箱裡，用鋸將箱子上下左右的猛鋸，最後人仍活著出來。過程雖然步步驚魂，但終是一場「製作」的虛驚。這兩種耍法，設計構想、手法都相當高明，令人嘆爲觀止，然而「藝術」的生命與「人」的生命，並沒有眞的接觸，再耍下去，還可加進科幻，增加效果。

(4)有人揮著鞭舞獅弄虎，在可見且帶驚險的現實距離裡。人與獸的對決，於技巧進行的過程中，是有驚心動魄的「眞」的生命介入的，其中也含有較高的代價與保險性，給觀衆在「技巧」之外，自然多出一層對人與生命的眞實關懷。唯一不夠理想，是與事實（現實）的距離過近。

(5)有人爬上「形而上」的高空，將眞的「生命」與「技巧」溶爲一體表現「高空飛人」。

過程中秒秒的「驚視」，始終是跟著活的「生命」起伏的。更有人進一步，走在懸在生與死兩崖間的高索上，上是高高的天空，下是死亡的深谷，周圍寂靜無聲，觀衆屏息呼吸在看，但看不見「花巧」的技巧，只看見驚目驚心的走索人，步步驚魂的走在他不能沒有的更高強的「技巧」中。而技巧雖也令人注目，但在注目中，更令人感動與震驚的，是帶著「技巧」一起走的走索「人」。如果將「電動玩具人」換掉肉體人在高索上走，情況便立即變化，絕引不起這樣強大的震撼效果，至多只產生(2)與(3)項「把玩」的一些驚奇。

在上述的五項藝術表現裡，我所選擇的，比較傾向於第(4)與第(5)兩項，於採取接近現實層面作業情況時，偏用第四項；於採取超越現實的「形而上」作業時，則用第五項。均因爲我說過：「離開人的一切，若不是尙未誕生，便是已經死亡……我寫詩，不只是爲創造一些美的形式與方法，更是企求人與自我的生命，也必須在那美的形式與方法裡邊」。因此，我向詩創作世界投資的是「生命」與「藝術」雙方面的。；既不是單向走「爲藝術而藝術」的路，也非單向走「文以載道」的路；而是將「藝術」與「存在的一切生命」，送入我受詩眼監視的「第三自然」世界，去溶合成「美」的生命思想與美的精神境界，所呈現出詩的藝術作品。我之所以採取這樣的看法，是因爲如果詩只是爲藝術而藝術，只屬於一種高級的文字技巧與遊戲，那同打球、下棋與耍魔術的有什麼不同呢？如果詩只是偏重「文以載道」，排拒詩高度的藝術性，那大可去寫道德經、方塊專欄以及散文乃至其他文章，何必寫詩？

至於我將四十年來的詩作，構想彙編成這一系列的詩集，同上述強調詩必須對「人」與

「生命」存在，做深入的探索與沉思默想的觀念，是至爲相關的，因爲人做爲詩人之前，他必須也是一個通過時空、接受人所面臨存在中的「戰爭」、「都市文明」、「自然觀」、「自我、時空、死亡」以及情愛與其他事物……等重大思想主題不斷挑戰的人，便也難免對這些不同的重大思想主題，分別在詩中進行著不同的對話與發出不同的聲音。並自然形成各個不同的思想活動區，而也自然帶來我構想出這一以詩爲主的系列書的適當理由與動機。

【附註】

① 見一九七一年「藍星年刊」陳慧樺教授寫「論羅門的技巧一文」。
② 見一九七一年「藍星年刊」一〇七頁錄用高肯教授的評語。
③ 見詩評家蕭蕭在一九八〇年故鄉出版社出版的「中國白話詩選」中寫的「心靈的追索者——羅門」一文。
④ 見一九八七年五月一日出版的「中外文學」雜誌，張漢良教授寫的「分析羅門的一首都市詩」。

都市與都市詩（代序）

羅門

都市文明之所以也成為我詩創作中的一個重大的主題，主要是因為都市文明製造「物慾」與「性慾」的兩項特產，大量暢銷在人類生存的都市空間，將大多數人追擊在物慾與性慾的形而下世界裡，日漸成為精神空虛、心靈空洞的文明動物，形成相當嚴重的生存困境與問題，而在都市裡活著的詩人，怎能視而不見與不動於衷？

前言

由於人類投入巨大的精力、智慧、人力、物力與時間所創造的科技與物質文明，都大多集中在「都市」裏；求生存與發展的各行各業的多數人，都大多擠在「都市」裏；大多數詩人作家與藝術家，也幾乎住在「都市」，享受「都市文明」的生活。「都市」的生活圈，又逐漸隨著密集的交通網，把田園與農村都網進來……這樣，「都市」已事實上成爲全人類生存具優先性與吸引力的世界性生活領域。

由於作家要跳離自己眞實存在的處境來創作，往往像站在太陽光下，想跳離自己的影子一樣困難。因此，住在「都市」裏的詩人，寫同「都市」生活感受有關的詩，是自然甚至是必然的創作行爲，因而提供給詩人寫「都市詩」的「都市」，便也顯然是給詩人表現現代人生命思想與精神活動形態較具前衛性、劇變性與新創性的創作舞臺，同時認明「都市詩」是新興的、具有現代生活風貌與精神形態的現代詩型；我們甚至可以說，臺灣「現代詩」創作眞正的現代精神內涵意識，除了紀弦先生在提倡「現代派」所宣告的現代詩創作信條有所指陳，我認爲更重要的，應是現代詩人，不斷從現代「都市文明」中體驗到現代生存的現代感、新穎性與前衛意識，所寫的或多或少或深或淺同「都市」有關的「都市詩」——具體化與實際化了「現代詩」特殊的創作精神與思想形態。同時尙可說凡是寫與「都市」生活經驗有關的現代詩，都可說是廣義的「都市詩」；就是後現代詩人，只要他離不開「都市」，繼續擁抱所謂後現代物質文明資訊快速發展的「都市」，他的詩就會繼續受「都市」影響，尤其是在商業交通網與資訊逐漸把鄉村統合入「都市」的型構範圍，形成全方位的「都市效應生活圈」，詩人與作家便勢必更不能不看高科技與物質文明輸送給「都市」這一被衆目圍觀的大櫥窗，去面對那不斷激化想像與思考世界蛻變的新媒體、新事物與新環境，而仍一直會寫與「都市」脫不了關係的「都市詩」。這樣，便無論寫「都市詩」或寫後現代、後後現代的「都市詩」，都同表現「都市」這一主題思想源遠流長的「都市詩」詩型，有斷不了的血緣關係。世界上沒有一條沒有源頭的河流。

由此可見「都市」同強調現代感與創新性的「現代詩」，有密不可分的互動性，也可看出「都市詩」在「現代詩」中創作的重要地位。事實上「都市詩」，也顯然是所有詩型中，最能貼切地表現與傳眞現代人在「都市」中生存的生命眞況與實境。

一、都市與都市詩的探索

既有「都市詩」這一詩型，則在創作精神意涵上，必有其特殊性。在談論「都市詩」之前，首先應了解那做爲詩人創作「都市詩」的場所——「都市」之眞貌。

一、都市的界定與觀感

「都市」顯然是借助科技力量，不斷發展物質文明，呈現不同於「田園型」生活空間的另一個屬於「都市型」的特殊生活空間；也是工商業的集居之地；甚至幾乎是經濟、政治、文化活動的中心。當鋤頭舉向空中，仍看不出都市在那裡，但當起重機將一座座摩天樓舉向空中，將田園的花朵開滿了百貨公司的櫥窗，都市的畫面便凸現了。

㈠從速度的相對觀點來看都市：

在「田園生活」中，人的腳步與牛車的速度較慢，生存的時間量度變小，空間變大；在「都市文明」的生活中，因有汽車、火車、飛機等機械化的交通工具，速度較快，則生存的時間量度增大，空間縮小。譬如用腳從臺北走到高雄，要走好幾天；若坐飛機，一天可飛廿次。是故，高速度發展的都市，使人類有更多的時間，去追求與創造更繁富與進步的生活環境；也因而使「都市」自然具有更大的拓展性，以及較「田園生活」更多的優越性與便利性，而不能不被重視。

㈡從人力、財力與智慧投入的情形來看都市：

由於人力、財力與智慧資源的大量投入，促使「都市」不斷的進步與發展，形成「田園」與「都市」勢力圈的移位，是可見的。大量青年人從「田園」往「都市」跑，已說明「都市」已成爲現代人生存的「重力磁場」，甚至是衆人爭權奪利之地，具有對人存在難於抗拒的無比吸力，即使有人說「都市」是繁殖罪惡的溫床，也常有很多人在那床上做夢。

㈢從田園與都市實際的生活景觀來看都市：

「都市」帶來高度的物質文明，使現代人在壯觀的玻璃大廈、百貨公司、超級市場、餐廳飯館以及娛樂場所……等繁華與高品質的衣食住行生活中，充份達到慾望的滿足，而當然較貧窮落後的「田園」具有進步發展的強勢與動力，並抓住現代人追求物慾享受的心。

㈣從田園與都市生活的負面來看都市：

「都市」帶給現代人豐富的物質生活，是其正面，但也帶給人們精神生活的緊張、不安、焦慮、空虛、寂寞與有壓力感，甚至使人成爲被物質文明放逐中的文明動物，是其負面；至於「田園」雖較寧靜、安定、純樸、開闊，但缺乏高速度與多元性的發展能力，使物質生活的享受與品質，都一直偏低，仍有賴「都市」的繁榮面來補救，是其負面。而兩者間的負面現象，由於交通與資訊的迅速發達，已互相的調整，可望進入相輔相成的佳況。然而「都市」

仍事實上一直在前衛位置掌握著不斷改進人類物質生活的主導權。因爲「都市」是展現物質文明繁榮的中心。

二、都市詩的創作世界

(一)都市詩的緣起：

當我們讀過上文對「都市」生存空間所做的論述之後，已大致了解「都市」存在的重要性與其特殊的形態，而大多數詩人，又集居在「都市」中，怎能不以「都市生活」新的題材來寫「都市詩」，來表現與傳眞這代人從「田園」轉型到「都市生活空間」裏來的新的美感經驗與新的心象活動、新的生存意境。可見「都市詩」詩型的產生，是極其自然的。若進一步來說明，便是基於：

(1)「都市化」的生活環境，不斷激化現代人的感官與心態活動，產生變化，呈現新的美感經驗，便也調度與更新詩人對事物環境等觀察與審美的角度、及其運用語言媒體與藝術表現技巧的適應性。因而自然引發「都市詩」的創作動機。

(2)現代「都市文明」高速發展，帶來尖銳與急劇的變化，導致一致進入衝刺、緊張與具壓迫感的行動化存在空間，使詩人不斷逼近思考的新銳性、前衛性、創新性與突破性是可見的。因而寫具有「都市現場感」與創新性的「都市詩」，也是必然的。

(3)現代「都市文明」已構成住在「都市」中詩人心象活動重要的機能與動力、以及不斷展開多變性、多元性與新穎性的想像空間，這便使詩人很自然的遵遁自己內心眞實的感受、去寫同「都市生活」潛在經驗勢必有關的「都市詩」，而把握詩創作新的「時空性」。

㈡都市詩活動的時間與空間觀感：

⑴由於以往「田園型的大自然生活空間」，是無限的廣闊、一望無窮，較能使人進入寧靜、和諧與含有形而上性的「天人合一」的自然觀的心境；故也有利於「悠然見南山」、「山色有無中」的偏向空靈的詩境之建立。而在「都市」，高度的機械文明帶來緊張、動亂、吵鬧與具壓迫感的生存空間，人類精神向上昇越的「形而上」活動空間，便不斷的被「都市」極度物化與偏於「形而下」的「下降氣流」壓低到越來越被「物質性」與「外動力」全部佔領的空間裏來，因而不斷縮短「物」、「我」接觸的空間，既拉不出精神「靜觀」、「內省」與「空靈」的理想距離，最後是「物我兩在」的時機尚有，「物我兩忘」的情境是較少了，所以很多詩人都不太正面的同「都市」對碰。的確，「都市詩」活動的空間是較偏於「實在性」、「實知性」與「設造性」的間架式空間形態，而有異於純粹抒情或者空能納萬境的「空靈」的空間模式。所以在「都市」裏「抬頭望明月」，「低頭」可能看見的是車禍；打開冰箱，只能看見冰箱裏的冰山冰水，可看不見山隨水盡的景象。可見詩人生存的外在物理空間，同內在心理空間，是一直有機的相互動與分不開的。

⑵由於「都市」是生命與事物快速度地活動與進行的場所，「時間」顯得非常匆忙與焦

急，往往這一秒鐘還未停定，下一秒已闖進來，這種急速的存在感，使「都市」的形形色色與景物，都不停地追著速度跑，「時間」便也緊逼的跟著喘息與變調，而自然影響到詩生命的脈動、呼吸系統以及語言活動產生新的動力、動速、動向與節奏。

的確，由於在「都市」生存環境裏，時間感的急速加快，便同時迫使語言運作的「速度感」與「行動性」的加強，因而也刷新語言與詩思的活動航道，呈現不同於以往新詩的詩感，很明顯地感觸「都市詩」潛藏著一種至爲特殊與具體的現代感與新穎性。尤其是「動」詞在時間與速度的緊迫感下，所放射的新的動力，給予詩境呈現新的動態與動境，是可見的。

㈢都市詩語言與藝術技巧的運作力：

從「都市詩」的緣起及其活動的時空觀感來看，「都市」特殊的生活環境，已事實上影響詩人創作的心境，偏向於「都市特殊生活經驗與心象活動」之捕捉，是必然的。同時也使「都市詩」語言與藝術技巧的運作力，必須機動且具適應性與有效地去表現「都市詩」的精神內涵。是故：

(1)「都市詩」不能不偏向「多元性」的表現，開放各種藝術流派與主義以及各種新的材質，來爲「都市詩」工作。因爲「都市」的存在是富變化、多元性的，價值觀與存在意識，也是多元性的，生活面是至爲繁複的。

(2)「都市詩」不能不強調與偏向「現場感」的表現，而對現代人生活在「都市」中，生命與精神思想活動的實感、實態、實況與實境，予以確實有效的傳眞與表達。否則，對讀者會產生疏離感，失去強有力與迫近性的感應。因爲生活在「都市」中的人，大多數可以不活在深遠的形而上的玄想世界中，但他們不能不活在「都市」所正面推過來的具存在壓迫性與現場感的眞實狀況中。

(3)「都市詩」的語言，不能不偏向「生活化」與「行動性」，因爲「都市」不斷展現高科技的物質文明，帶來至爲尖銳與急劇的「變化」與「存在」，導致一切進入快速的「行動化」情況，這便一方面使詩語言活動的速度、呼吸系統與脈動，進行新的調整，產生新的節奏感，同時也使詩語言的活動與造型空間，也必須有新的變化與呈現新的形態。

(4)從上述三點來看，「都市詩」顯然較其他類型的詩更有利去強調創作的「前衛性」與「新創性」。因爲做爲「都市詩」創作場所的「都市」，一直是處在科技與物質文明進步力量衝擊的第一線，是其最先的受益者。而「都市詩人」面對千變萬化、不斷接受新思潮、新資訊的「都市」生活環境，便勢必無形中以具突破性的「前衛」與「創新」的藝術表現技巧與語言，來做適應性與互動性的表現。這種要求，不但是「都市詩」創作的內在景觀如此，就是「都市」本身發展的外在景觀也如此，譬如沿臺北市延平北路↓↓西門町↓中山北路↓仁愛路↓忠孝東路的市街一路看過去，所觀看的繁榮與美的景象，則越是往前的，便越是接近人類創造境域的「前衛性」與「創新性」。

這現象反過來，便也意識著「都市」文明，的確是一直潛藏著對「都市詩」乃至所有的現代詩向前推展的激化作用與動力。這也就是說，「都市詩」根本上是受「都市」的監控。無論是「都市詩人」或住在「都市」裏寫現代詩的詩人，要完全脫離「都市」的影響，是不可能的。這種不可能，正像走路的腳，想脫離路是困難的。

從以上所談的觀念與理念中，茲以一些「都市詩」的詩例予以助證：

譬如在「都市」生活中，看到迷你短裙，採取「都市詩」來表現短裙對現代人產生尖銳的感官反應與特殊的視覺美感經驗。如果我們寫：「迷你裙／短得像鳥的翅膀（或尾巴）」，雖然寫得很巧，也確實有好的表現，但鳥的翅膀（或尾巴），這景象畢竟是由「田園生活空間」借調的，較缺乏「都市現場」的視感，語言活動的動感、動速與形態仍不像「都市」那樣急切與尖銳化，缺乏碰擊力。

如果我們寫「迷你裙／短得像踢達舞的音響」，以聽覺來表現迷你裙視覺的短捷、輕巧、活潑的感覺，而「踢達舞」的景象又是「都市」生活現場可見的，應是相當有效的藝術表現。但是語言對「都市」要害的著擊力、切割力與爆發力，仍不夠強烈與深入。

如果我們寫「迷你裙／短得像一朵火花／一閃／整條街便燒了起來」，便是抓住「都市人」特殊的官能、性慾、心態與潛意識活動的實況，語言的襲擊點與爆發力便「臨場性」地使佛洛伊德注視的「性美學天空」全部著火燃燒。這樣的寫法，較貼近「都市」專業製造「物慾」與「性慾」的心意；也使「都市詩」確實獲得較特殊與深化的創作精神空間。

我之所以較重視最後一種寫法，是因爲我深信大家會同意詩人林野在《陽光小集》詩季刊（一九八一年夏季號）所說的：

> 源於都市景觀和人類生存層面的題材，一直爲詩人們努力地探討和詮釋。但探討此類的作品，多半由於語言的傳熱性和導電度不佳，或侷限於物象的表淺切割，以致不能激發強烈感情的痛覺反射，所造成的心靈震撼，也就不足爲奇……

接下來，又例如古詩人寫「黃河之水天上來」，現代都市詩人寫「咖啡把你沖入最寂寞的下午」。很明顯的，古詩人寫的是「第一自然」田園生活所見的景物；現代都市詩人寫的是「人爲第二自然」——「都市」新的生活環境、新的景物、新的思維空間、新的美感經驗；以具現代感與新創性的語言形態予以表現，確實傳眞現代人生活在「都市」中特殊的心象活動與生命情境。

從這些抽樣的「都市詩」例舉中，可看出「都市詩」著重於「都市」生活的美感經驗與心象活動的表現；語言媒體與運作空間，也儘量逼近「都市」現場性，以使作品產生同現代人思想有高敏度與強有力的「感應磁場」。

㈣都市詩的貢獻與理想的創作導向：

從以上三項的論談，可見「都市詩」提供創作新的美感經驗、新的思考與想像空間，確是表現「都市人」生活實況、具有透視與探索力的特殊詩型，並有助詩創作向前突破與推展，產生新的藝術表現形態，是其顯著的貢獻，同時，目前科技資訊更向前邁進，到了「後現代」

情況，在創作已面對新的趨勢，便也因而給「都市詩」帶來新的前景與展望：

(1)由於後現代出現的「解構」意念，「都市」與「大自然的田園」之間的界線，已拆開，借助交通網力，架設思想活動新的交流道，拓廣「都市詩」創作的題材與詩思的範圍。如我歸入「自然」系列中的「曠野」、「大峽谷」與「飛在三萬呎高空」以及「一個美麗的形而上」、「海邊遊」……等詩，便是基於這一創作理念，同都市詩的思維空間，脫不了關係。

(2)由於後現代的解構意念，在「新達達」觀念徹底的自由與任放驅使下，素材媒體與表現技巧以及語言的運用是朝更多元、多向、更開放與沒有任何制約的情況下，去創作的；給詩人更大的自由空間與主動性。

(3)對傳統與固守的一切陳舊形態與秩序，不斷進行強有力的抗衡、質疑與突破，以確實反應現代「都市」物質文明與科技不斷發展帶來的新的生活環境與新的生存指標。

此外更值得重視的一點，應是在前言已說的：紀弦先生早期提倡的「現代派」，其更充份與具體的精神內涵，我認爲是隨後來「都市」物質文明生活確實的「都市化」與「現代化」，輸進現代新的觀物態度、新的思維、想像與心象的活動空間，以及創作上應變的藝術表現手法，使特別具有現代思想性與現代感的「都市詩」的興起，而加強且凸現「現代詩」確實的現代精神意識內涵及其實質的形體與風貌。這也可說是「都市詩」在「現代詩」創作思想與精神上所提供的實質影響力與較重要的貢獻。

至於「都市詩」創作的理想導向：

(1)首先我認爲「都市詩」創作者應以「心輪」帶動「齒輪」，也就是說，「都市」與科技文明前進的力量，必須讓人的心進入機器的心，並使之轉化進入目前人類正再度追求的「新人文精神」的佳境。一切的事物都應由人類美的心靈來主導，離開「人」的一切，若不是尙未誕生，便是已經死亡。科學製造僵冷的「都市帝國大廈」，必須將詩人的心燈放進去，使它亮出溫暖的光。難怪有一位傳奇的雕塑家，曾將自己以高精密度設計的一座非常完整的雕塑品的頂端，用手擊斷並讓血流入作品裏去，滲入人性，才充份的感到滿足與驚喜，覺得作品有「活性」與「溫暖感」。這也就是說，「都市詩」中物架的思維空間必須推入心感的慧悟與靈動空間，去獲得轉化超越與昇華。

(2)「都市詩」創作者追逐科技文明軌跡以及透過智識及理論性的觀念所展開的想像雖不容忽視，但注入眞實人性的切割力，抓住生命與血的聲音，便更値得重視，因爲詩不是製造機器與智識以及喝「汽油」的；詩是創造生命與流心血的，應更加予以關注。這是所有從事心靈與精神永恆作業的作家，均必須堅持的。否則在創作世界中，「物抒」與「心感」沒有確實的交溶便難免呈現冷漠性與疏離感，失去作品對內心強大與永久的感動力，甚至引起人類內在生命產生「第二度」更爲嚴重的鄉愁，那便是人被關進冷然的物性思考世界，而淡遠了溫潤的「人性」、「心性」、「靈性」與「悟性」，所引起的較「都市電燈光」望著「田園菜油燈」所引起的「第一波鄉愁」更可怕，因爲那是人被科技世界挾持，同「物」一起推上科學的「貨櫃車」而被迫離開人自己的有人性的「肉體的原鄉」，形成「第二波的鄉愁」。若這樣，人追逐的已不是人自己的生命，而是「機器造的兔子」；人在玩耍電動玩具時，科學反而把人也當作電動玩具來玩。由此可見，將科技的「理運」思維空間與人文的「靈動」思維空間，溶合成溫潤優美的心象世界，是「都市詩」乃至所有的現代詩都必須深加省思並永遠堅持的創作導向。

二、都市對詩創作世界廣泛的影響力

的確，由於高科技帶動不可阻擋的物質文明，不斷佔領人類的生存環境，「都市」便隨之成爲展示物質文明的櫥窗，甚至被看成「科學的帝國大廈」，壓倒性的炫耀在人類的眼睛中；即使被它的光芒刺傷——如大多數人都或多或少感到「都市生活」的緊張、焦慮、不安、寂寞與空虛，甚至有壓迫感……等，但仍迷惑著無數人去圍觀它，甚至熱烈的擁抱它。既如此，則生活在「都市」中較一般人更敏銳且又不能不面對「都市」生存挑戰的詩人，便無論以那一種心情來擁抱「都市」與寫「都市詩」，都理應帶有優先選擇性與難於逃避的創作意欲。

事實上「都市」非但是展示美的物質世界的秀場；也是人類生活吸力最大的磁場，除非人類沒有「交易」，科技與機器停止生產，大家不要更好的享受；而且更是促使現代詩人與作家心象世界千變萬化的黃金路段與新開發區，給予詩人與作家創作上巨大的激化作用與廣泛的影響及反應，是繼續不斷的。

譬如「都市」物質文明景觀所不斷引發的「現代感」，已近乎是創作的試金石。當詩人與作家面對它，便立即產生五種接受「傳統」的不同態度，而影響到作者創作不同的動向與形態——

第一種：創作者把「故宮」的門關上，只死抱住「傳統」，不同「現代」對話與打交道，因而喪失創作權。

第二種：抱住「傳統」的大包袱，上「現代」的高速公路，顯有壓力與阻力，既跑不快，還要顧前顧後，形成缺乏突破性、前衛性與創新性的創作形態。

第三種：從「傳統」走進「現代」，「傳統」與「現代」，有顯著的連線與裙帶關係。構成仍含有「傳統」形質甚至推陳出現的創作形態，但仍難免有些潛在的約制力。

第四種：站在「現代」的位置，自由的同「傳統」對話，以「現代」爲主導力，提昇「傳統」優良的有利質素、機能與精華，建立能觀視「現在」、「過去」與「未來」的全面自由的開放的新視野，所呈現的創作形態。

第五種：只抓住「現代」存在與變化的過程以及眼前流行的新奇，使過去的「傳統」與「現代」之間，沒有必要的接合點，甚至斷層。至於「未來」的一切，只要它來，便跟著就變，就新，又隨即過去。像這樣所形成的流行一時的創作形態，它之所以出現標新立異、沒有歷史感，見到「傳統」就反，也是有其特殊的長相的。但是也像持第一種態度把「故宮」的門關上不看「現代」而在兩極化相對的創作境況中只看「現在」不看「過去」，便出現可見的疑點——那就是它很可能犯上「用完便丟」的現象，沒有確實値得保留的東西，犯上澈底且嚴重的虛無症。

這五種不同的創作形態，既是緣自「現代」引發作者對待傳統不同的態度，則「都市」一直主控著存在與變代的「現代」情況，便也勢必會一直在影響作者創作的思想形態是否「現代」。

再說大多數住在「都市」的詩人與作家，都熱衷與經常的表現性慾、空虛、寂寞、孤獨、焦慮、緊張、無奈、荒謬以及反常、刺激性乃至科幻、奇異……等至爲熱門的題材與思想內涵。其實這都是受到「都市」影響的。因爲「都市」的物質文明，大量製造「物慾」與「性慾」，驅使「形而下」世界將「形而上」世界逐漸關閉，造成靈空狀態，大多數「都市人」便也逐漸變成吃喝玩樂但內心空洞的文明動物，並習慣以「物慾」與「性慾」甚至有以麻醉品來填補內心的虛空，而過後仍是循環性的空虛與寂寞；仍是在生存壓力下，感到莫明的焦慮與不安……這似乎是「都市」繁華光亮面的背後，一直潛藏的難於根除的盲點，讓人——尤其是詩人作家——不能不面對它、正視它、指認它甚至帶警示性的指控它。這都的確是「都市」帶給詩人與作家躲不掉的、相當荒謬也不討好但卻至爲認眞嚴肅的精神工作，但當創作成爲好的作品時，便也同樣的存在與被肯定。雖然那是「都市」帶給人們精神與思想並不太健全、甚至帶有病態的情形，但詩人與作家透過藝術創作思想的表現，對存在進行深入的透視，提供眞實資訊，甚至警示，已盡了力。

接下來，談到目前大家都關注的所謂「消費文化」以及「文化」已有被當作「商品」來看……等情形，先不說它是好是壞，我們已感到那都是「都市」物質文明對存在具壓倒性的影響力與威勢所造成的。誠然，在「都市」的生存空間裏，幾乎是被「物質」、「速度」與「行動」所把持，心既不能往深處與形而上的高處去，便只好被阻在感官的快感層面，偏向浮面淺顯、單薄、乖巧、新潮與流行……，而自然流向目前所謂通俗化甚至粗俗化與低俗化的「消費文化」與「商品文化」的格調。其實，這也是「都市」一向強調形而下「物質文明」的特殊個性所形成的，並一直在強勢的操作與左右著現代大多數都市人生活的想法與行為，縱使也呈現有不太理想與缺失的地方，但已存在於可見的事實中，留給作家們去從不同的思想角度與美學理念來審視處理與予以表現。

此外，像詩人對大自然環境關懷寫的「環保詩」，也是由於「都市」發展對大自然生存空間造成嚴重的污染與傷害，激發詩人與藝術家創作的良知而來；像廿多年前我在一九七一年「藍星年刊」論文中提倡以電影鏡頭寫詩（目前已有錄影書，則未來有眞的錄影詩也屬可能）以及詩人羅青採用電影手法書寫「錄影詩」，也都是由於擁有放映電影的電影院與影片的「都市」，給詩人有機會引發與電影有關的創作見解與念頭；即使像詩人林燿德寫的「廣告詩」，雖是源自「達達」與「普普」的創作意念（或後現代的文體解構）但畢竟同「都市」

滿天飛呈強勢的廣告業資訊與意識有潛在的關係；再下來像以詩爲主控力，所從事詩的多元媒體表現而形成的視覺詩，同「都市」物質文明所提供的物質材料及其引發現代人多元性視聽美感經驗的創作欲求，也難免有關係。

的確，「都市」帶動現代物質的文明面，給予作者創作的藝術形式與題材內容方面，所提供的能源與潛在影響，應是夠大夠廣與多方面的，而且持續不斷。

三、結　語

綜觀上述「都市」與「都市詩」以及「都市」對創作思想的強大影響之論述，我的結話與補充的感想是：

(1)「都市」是人類——尤其是詩人作家——不能不面對甚至不斷要去擁抱的生活世界。即使有時感到不快；但它不斷以「存在與變化」的衆多與豐富的新的事物與景象，刷新作者的感官、思維、想像與內心的美感經驗世界，因而激發創作媒體與表現技巧有所調整與移變，甚至有所突破與創新，呈現作品新穎與具前衛性的形態。

(2)只要人類繼續改變「第一自然」與創造人爲的「第二自然」——「都市」的行爲，則「都市」便會存在，「都市詩」也會存在；當目前現代「都市」有向後現代「都市」狀態在移動，「都市詩」也會跟著往前移動以及往前存在與變化的發展下去。即使後現代「都市」處在解構後的多元化、泛方向感與泛價值觀所形成拼盤式的堆砌存在模式中；即使現代主義一向強調超越與卓越，並不太認同「消費文化」的低價位思想，於目前已受阻；即使以往向「形而上」高處看的仰視，在目前已逐漸拉低到對世界平視的位置，而且失去可靠的「中心」，也正好對應「都市文明」急速存在與變化中的繁亂、雜陳的生存場景與物象，不斷沖擊著人向四處失散與急逃，使成千成萬的人，匆忙過街肩碰肩，彼此都不認識；存在都只是衆多的個人一連串的愉快或不愉快的直接感覺的過程的告白，在可靠與不可靠之間，隨著變化的時空在泛方向感中滑溜，因而也浮現出所謂世紀末與「後現代都市生活」層面上至爲浮動、激變、紛陳的亂象；即使由「新達達」意識臥底所掀動的「沒有什麼不可以」的多形多狀，那正有如在〈哈維爾縱論挽救現代困境之道〉①一文中所說的：「後現代主義，這種思想狀態，對我來說，這其中的一個象徵——是一個騎著駱駝的遊牧人，身上蓋著傳統的袍子，袍子下卻是牛仔褲，手上握著半導體收音機，而駱駝背則有可口可樂的廣告」——這一有趣又怪異荒謬可笑的組合圖象，的確能反映目前越來越偏向「後現代都市」「雜交」紛陳不調和的生活景象……。但我們深信這種種，對後現代的詩人、作家、尤其是視覺藝術家來說，正好可透過「普普藝術」的拼湊（Collage）手法，以多元媒體組合與提昇它們進入有新的意涵與新的秩序之中。詩人也可用詩的語言，如此來創作，開拓新境，這也就是說，後現代的作家與藝術家，在後現代解構後的多元世界裏，仍有向上建構的可觀的創作空間，並眞的有可能看到「後現代」將「現代」當做一座太陽解構後的許多部份都仍然是太陽，而又逐漸形成有秩序與整體地運作在一起的太陽系。這樣也正符合人類思想世界中一直不停地向前工作的兩部大機器，正常地運作，一部是「演釋」——多元的向外展開出去；一部是「歸納」——再向內匯合。這兩部機器任何一部停工，都將影響人類生存的健全與進步。所以後現代大師詹明信對後現代缺乏深度與歷史感的生存現象提出信號與警示②，以及李歐塔仍堅持人生崇高、莊嚴與可爲的形而上精神③，都是在人生中仍希求建造精神存在的高層建築；再從我爲詩人林燿德傾向後現代風格的《一九九〇》詩集（尚書文化，一九九〇）寫的序，論述他詩中的後現代詩創作的精神風貌，仍特別指認它解構後，不但抓住多元性的內在思維航向所呈現的深度，而且仍潛藏有由多面性的思想疊層、向上建構的形而上世界，爲後現代創作提出正面意義。可見無論是詩往裏變，最後都不只是創造新的形式，而更是繼續創造新的精神深度與由「形而下」世界再度昇越進入「新」的「形而上」世界。所以無論是現代「都市詩」以及後、後現代「都市詩」，乃至所有的現代詩，也都不能例外。雖然「都市」格外的物質化與「形而下」，較偏向浮面與流行性甚至庸俗化。但詩人與作家面對它，在創作中，總得相對地使出「深度」的思想與「形而上」的精神昇力。我們深信任何「成功」與「高品質」的藝術品，最後都必潛藏有思想的「深度」與精神的「形而上性」。即使是採取「遊戲」、「幽默」、「寫實」……等的心態寫成的作品，也難免有：因它是藝術品，不是普通「玩具」；已介入作者的藝術理念以及看不見的思想與精神的影射作用所引發的感應空間，就不能不也藏有逃不掉的「形而上性」。往往在一個小丑的成功演技中，笑聲背後，大量湧出思想滲入人性、一起昇華的「形而上性」與精神「深度」。我甚至確信，所有看得見、看不見的一切，只要從確實好的藝術作品中傳出來，就必定有思想的「深度」與精神存在的「形而上性」的特質。

附記：

(1) 「都市」以製造物慾與性慾爲主所建構「形而下」的生存空間，對全人類的慾望生活，是一視同仁的；世界上任何詩人作家面對它，感官與內心都享受同等的待遇，可自由反應。所以本文較著重「都市」對詩人、特別是寫「都市詩」的詩人較共通性的影響，以及談「都市」與「都市詩」的特殊理念與觀感，也因篇幅，未能多提「都市詩」的實例。

(2) 本文是參加臺灣首次舉辦的都市文學研討會提出的論文。

【附　註】

① 見香港《明報》，一九九四年十月五日版（A10）〈哈維爾縱論挽救現代困境之道〉一文。

② 見一九八七年八月六日十六期的《當代》雜誌〈詹明信後現代主義評介〉一文。

③ 見一九九四年四月出版的《羅門蓉子文學世界學術研討會》論文集中林燿德寫的〈羅門思想與後現代〉一文。

都市之死

都市你造起來的
快要高過上帝的天國了

一

建築物的層次　托住人們的仰視
食物店的陳列　紋刻人們的胃壁
櫥窗閃著季節伶俐的眼色
人們用紙幣選購歲月的容貌
在這裏　腳步是不載運靈魂的
在這裏　神父以聖經遮目睡去
　凡是禁地都成為市集
凡是眼睛都成為藍空裏的鷹目

如行車抓住馬路急馳
人們抓住自己的影子急行
　在來不及看的變動裏看
　在來不及想的迴旋裏想
　在來不及死的時刻裏死

速度控制著線路　神抓不到話筒
這是忙季　在按鈕與開關之間
都市　你織的網密得使呼吸停止
在車站招喊著旅途的焦急裏
在車胎孕滿道路的疲憊裏
一切不帶阻力地滑下斜坡　衝向末站
誰也不知道太陽在那一天會死去
人們伏在重疊的底片上　再也叫不出自己
　看不見眼睛
沒有事物不回到風裏去
　如酒宴亡命於一條抹布

假期死在靜止的輪下

二

禮拜日　人們經過六天逃亡回來
心靈之屋　經牧師打掃過後
次日　又去聞女人肌膚上的玫瑰香
　　去看銀行窗口蹲著七個太陽
坐著　站著　走著
　　都似浪在風裏
煙草撐住日子　酒液浮起歲月
伊甸園是從不設門的
在尼龍墊上　軟鋪或硬鋪上
文明是那條脫下的花腰帶
美麗的獸　便野成裸開的荒野
到了明天　再回到衣服裏去
　　回到修飾的毛髮與嘴臉裏去
而腰下世界　總是自靜夜升起的一輪月

一光潔的象牙櫃臺
　唯有幻滅能兌換希望

都市　掛在你頸項間終日喧叫的十字街
那神是不信神的　那神較海還不安
教堂的尖頂　吸進滿天寧靜的藍
　卻注射不入你玫瑰色的血管
十字架便只好用來閃爍那半露的胸脯
那半露的胸脯　裸如月光散步的方場
　聳立著埃爾佛的鐵塔
　　守著巴黎的夜色　守著霧　守著用腰祈禱的天國

三

在攪亂的水池邊注視
搖晃的影子是抓不住天空的雲
急著將鏡擊碎　也取不出對象
都市　在你左右不定的擺動裏

所有的拉環都是斷的
所有的手都垂成風中的斷枝
有一種聲音總是在破玻璃的裂縫裏逃亡
人們慌忙用影子播種　在天花板上收回自己
去追春天　花季已過
去觀潮水　風浪俱息
生命是去年的雪　婦人鏡盒裏的落英
死亡站在老太陽的座車上
向響或不響的　默呼
向醒或不醒的　低喊
時鐘與齒輪啃著路旁的風景
碎絮便鋪軟了死神的走道
時針是仁慈且敏捷的絞架
刑期比打鼾的睡眠還寬容
張目的死等於是罩在玻璃裏的屍體
人們藏住自己　如藏住口袋裏的票根
再也長不出昨日的枝葉　響不起逝去的風聲

一棵樹便只好飄落到土地之外

四

都市　白晝纏在你頭上　黑夜披在你肩上
你是不生容貌的粗陋的腸胃
　一頭吞食生命不露傷口的無面獸
　　　　　　啃著神的筋骨
你光耀的冠冕　總是自繽紛的夜色中昇起
　　　　　　而跌碎在清道夫的黎明
射擊日　你是一頭掛在假日裏的死鳥
　　　在死裏被射死再被射死
來自荒野的餓鷹　有著慌急的行色
笑聲自入口飛起　從出口跌下
風起風落　潮來浪去
誰能在來回的踐踏中救出那條路
誰能在那種隱痛中走出自己撕裂的傷口
誰能在那急躁的河聲中不捲入那渦流

沉船日　只有床與餐具是唯一的浮木
掙扎的手臂是一串呼叫的鑰匙
喊著門　喊著打不開的死鎖

五

都市　在終站的鐘鳴之前
你所有急轉的輪軸折斷　脫出車軌
死亡也不會發出驚呼　出示燈號
你是等於死的張目的死
　死在酒瓶裏　死在煙灰缸裏
　死在床上　死在埃爾佛的鐵塔下
　　死在文明過量的興奮劑中
當肺葉不再將聲息傳入聽診器
當所有的血管成了斷電的線路
天堂便暗成一個投影
神在仰視中垮下來
都市　在復活節一切死得更快

而你卻是剛從花轎裏步出的新娘
　是掛燈籠的初夜　菓露釀造的蜜月
一隻裸獸　在最空無的原始
一扇屏風　遮住墳的陰影
一具彫花的棺　裝滿了走動的死亡

一九六一年

都市你要到那裏去

神看得見，
都市！你一直往「她」那裏去
如果說戰場抱住炸彈；
都市！你便抱住「她」——肉彈。

當輪齒與鐘齒
幾乎把時間啃光
菜油燈仍望著
日光燈發愁
都市　你打算與即將
到來的機器人
往那裏去

我們即使完全
瓦解入你的結構系統
降服在你的高速下
找不到片刻
回到心裏去
禮拜堂也改為
靈魂的乾洗店
我們仍是動物
不是機器

即使猿猴也穿禮服
在動物園吃西餐
希爾頓的餐廳與套房
仍證明我們是文明的動物
不是野獸

都市

你究竟要到那去
　你的家在那裏
太空船一直要把你的
　　產房與焚屍爐
　　　往太空搬
你終日在齒輪上打轉
到了下午六時
你累著走出辦公室
太陽拋下你不管
　先溜了

腦下班
心公休
你帶著身體
仍在腰下走
　街上蕩

高樓大廈都低下頭來
看她
公司行號都轉過頭來
叫她

餐館調配好吃慾
時裝店打扮好性慾
香水帶引著原始的嗅覺
一切都有了潛在的去向
你該往那裏走
路還會不知道嗎
從行車道到人行道到地下道
從階梯到樓梯到電梯
從工作房到門房到臥房
你一天看著手臂與曲柄
在工作中動來動去
最後總是動回那個
原本的動作裏來

事情就那麼簡單
交給身體去辦便得了

天剛黑
十字架從空中
正好倒在燈光閃爍的
　十字街上
被千萬輛車
　　擡著跑
到處找天堂
耶穌就不必再苦了
教堂關門熄燈
對街豪華酒店
把所有的路與街道
　都走回女人的腿上
管他是那一國來的觀光客
要把世上的風光

都看絕了
是登聖母峯
還是站在乳峯上
這都不必問了
當世界倒在酒杯裏
夜色眼色跟著變
再下來是什麼
還用說嗎
她的笑聲　高過市聲
能不聽她的
她的玉臂　長過警棒
最美的野外球
還會是誰打的
她的雙腿　伸出歲月的快車道
筆桿與神杖　便只好點綴成
路兩旁的樹木

在她胸前的廣場上
　　看不見銅像
奪目的雙星塔
從碧麗宮門前的
　彩色噴泉中昇起
昇到天國的高度
你便走上世界的頂點
抱著她　　滑下來
　　　　那終點
　　不就是你的家

家
不回去成嗎
腰把河　扭回去
胸把山　頂回去
唇把世界貼回去
隨便一條束腰帶

一條短裙的底邊
或拉鍊
都是那條望鄉的水平線
拉著你回去
穿著一身的文明回去
你是廿世紀的貴賓
賓館到處接待你
以企業化的速簡洞房
一個個閃亮的洞口
使天國的窗户
住家的門户
往下暗
而你躺在床的荒野上
讀你美麗的身路歷程
讓書籍與水泥磚在壁上冷
血液與體溫在身上熱
你頭枕道德經。

關心的是她的經期

用不著音樂
憑身體
　也能找到自然
　原本的節奏
聽不聽安魂曲
夜一樣安靜不下來
不帶户籍
你也一路上有家

只要你想回去
咖啡廳
餐廳
酒廊
都是候車站
她便是跑長途跑短途的

交通車
等著你來
隨到隨開

開過市中心
看不見文化中心
繞過圓環
看不見博物館的圓頂
穿過博愛路
看不見愛神
你便直闖紅燈
帶著整座城
從大街小巷逃跑
跑回你赤裸裸的原來
你的家

一群警車
尾追在後

一群她
在前帶跑
跑到後來
在時間的荒原上
山緊抱住禪
天空緊抱住圓渾
戰爭的土地緊抱住炸彈
你　死抱著她——
肉彈

附記：美國詩人桑德堡說：「都市！你是淫邪的！」我想大家都已日漸意會到此話中的警示。的確，當都市不斷將人放逐在腰下的物慾世界，不太容許人到腰上的空靈世界裏來，形成人的生命與內心趨向「靈空」的狀態，導致物慾與性慾的氾濫，確是可慮的。這已一再驚動了警車與文化急救中心。

一九八六年

都市的旋律

綠燈亮
紅燈閃
車來車去
　車擠車
人來人去
　人擠人

快快快
快入快車道
慢慢慢
慢入斑馬線
攢攢攢
攢入地下道

爬爬爬
爬上行人橋
腳懸空
手懸空
目與天空一起空

短裙飛來隻隻鳥
長裙飄來朵朵雲
腰不扭動　河會死
胸不挺高　山會崩
眉不畫濃　月會暗
唇不塗紅　花會謝
一滴香水　一池春
一個眼波　滿海浪
蕩蕩蕩
長髮長街一起蕩
流流流

流行歌排水溝一起流
追追追
機車公車火車一起追
咔嚓咔嚓　跑來藍哥兒
唏哩嘩啦　奔來牛仔裝
敲敲打打　衝出四聲道
要聽　　耳與喇叭一起叫
要看　　目與櫥窗一起亮
要知道下午　去問咖啡
要認識夜　去問酒
要了解床　去聽電子琴
要抱得緊　去找黛恩芬（註一）
要通通拉開　去拉**YKK**（註二）
要什麼也記不起　把鈔票丟下
去你的
要再見　不找昨日

要再見　找明天
要再見　找後天

註：這首詩是爲配合作曲家李泰祥所製作的現代敲打樂而作。著重於都市生活的節奏與律動感；從都市的動面與現象，直接捕捉都市的實體。

註一：女人名牌胸罩。

註二：名牌拉鍊。

一九七六

都市·方形的存在

天空溺死在方形的市井裏
山水枯死在方形的鋁窗外
眼睛該怎麼辦呢

眼睛從車裏
　方形的窗
　　看出去
立即被高樓一排排
　　　方形的窗
　　　　看回來

眼睛從屋裏
方形的窗

看出去
立又被公寓一排排
方形的窗
看回來

眼睛看不出去
窗又一個個瞎在
方形的牆上
便只好在餐桌上
在麻將桌上
找方形的窗
找來找去　最後
全都從電視機
方形的窗裏
逃走

一九八三年

「麥當勞」午餐時間

一

一群年輕人
帶著風
衝進來
被最亮的位置
拉過去
同整座城
坐在一起
窗內一盤餐飲
窗外一盤街景
手裏的刀叉

較來往的車
還快速地穿過
迷妳而帥勁的
中午

二

三兩個中年人
坐在疲累裏
手裏的刀叉
慢慢張開成筷子的雙腳
走回三十年前鎮上的小館
六隻眼睛望來
六隻大頭蒼蠅
在出神
整張桌面忽然暗成
一幅記憶
那瓶紅露酒

又不知酒言酒語
把中午說到
那裏去了

當一陣陣年輕人
來去的強風
從自動門裏
吹進吹出
你可聽見寒林裏
飄零的葉音

三

一個老年人
坐在角落裏
穿著不太合身的
成衣西裝
吃完不太合胃的

漢堡
怎麼想也想不到
漢朝的城堡那裏去
玻璃大廈該不是
那片發光的水田

枯坐成一棵
室內裝潢的老松
不說話還好
一自言自語
必又是同震耳的炮聲
在說話了

說著說著
眼前的晌午
已是眼裏的昏暮

後記：寫完此詩，深深感到現代文明，像是頭也不回地向前推進的齒輪，冷漠而無情，文化則是對存在時空產生整體性的關懷與鄉愁。從文明的窗口看此詩，我們看到「麥當勞午餐時間」同一時空出現的中國人，竟有三處斷層的生命現象；從文化的窗口看此詩，我們看到貫穿整個時空與歷史文化大動脈而存在的一個分不開來的中國人。誠然人必須自覺地從文明層面轉化到文化層面上來，否則，人將被冷酷的機械文明不斷的進行切片。

一九八五年

咖啡廳

一排燈
排好一排眼睛
一排杯子
排好一排嘴
一排椅子
排好一排肩膀
一排裙子
排好一排腿
一排胸罩
排好一排乳房
一排眼睛
排好一排月色

一排嘴
排好一排泉音
一排肩膀
排好一排斷橋
一排腿
排好一排急流
一排乳房
排好一排浪
　夜
便動起來

咖啡情

『都市！它抓住你的悶處』

那個咖啡色鏡頭
　屢對準他
好像要拍些什麼
他卻向鏡頭的方向逃
　直喊自己是一張漏光的底片

那多數是在下午
同一號碼的巴士
　在窗外過了又過
同一個名字的他
　在窗內坐了又坐

當烟霧把窗內窗外朦朧在一起
更看不出齒輪在鐘裏追的什麼
　車輪在街上趕的什麼
原來那個咖啡色鏡頭
　只是一隻盲睛
　　除了燈色閃閃
　　　眼色迷迷
　　　　姿色盈盈
　　　　夜色漾漾
　　　　　都不看

一九七六年

卡拉ＯＫ

還有什麼不ＯＫ
整座城被你踩下去
世界也被你狠狠踩碎
從Ｏ開始
你將自己先踩空
　　回到本來

腦空出來不思
心空出來不想
全交給身體動
四肢是燃燒的高壓電路

都市在你光芒四射的身體上跳動

將整座城的喧囂與冷漠
從高音喇叭的喉管中吐掉
把生命跳到肉體的位置
碰是身體
抱也是身體
還有什麼不ＯＫ

道德經在國文課堂裏打瞌睡
卡拉ＯＫ在腳下猛跳
即使卡拉跳昏了過去
嘴仍吐著啤酒泡沫
叫ＯＫ

一九八七年

車禍

他走著　雙手翻找著那天空
他走著　嘴邊仍吱唔著砲彈的餘音
他走著　斜在身子的外邊
他走著　走進一聲急煞車裏去
他不走了　路反過來走他
他不走了　城裏那尾好看的週末仍在走
他不走了　高架廣告牌
　　將整座天空停在那裏

一九七五年

摩托車

從20世紀手中
揮過來的一根皮鞭
狠狠的鞭在都市
撒野的腿上

一條條鞭痕
是田園死去的樹根
乾掉的河

一九八〇年

電視機

入晚
眼睛都急著趕回家
小小的十六寸的家
是一座水晶大廈
　較星空明麗
　較天堂迷妳

要笑開來　有開心果
要哭下去　有滴滴酸
要親　有蜜絲佛陀的彩色唇
要愛　有愛蓮那樣的芳心
要跳　讓迪斯可去跳
要飛　叫鳳飛飛去飛

要靈魂燦爛　把銀河星光都點亮

註：愛蓮與鳳飛飛均臺北走紅的歌星；「開心果」、「滴滴酸」、「密絲佛陀」均是電視廣告物品用詞。

一九八〇年

迷妳裙

裁紙刀般　刷的一聲
　將夜裁成兩半
一半剛被眼睛調成彩色版
另一半已印成愛鳳牀單

就那麼的裁過來
　裁成一九七二年的旋律
就那麼的裁過去
　裁出那條令人心碎的
　　　　　　　　　望
　　　　　　　　　鄉
　　　　　　　　　的
　　　　　　　　　水

平
線

多少日落
多少星墜
多少月沉

一九七一年

露背裝

眼睛圍在那裏
大驚小怪的說
那是沒有欄干的天井
　　近不得

警笛由遠而近
　　由近而遠
原來那是廿世紀新開的天窗
眼睛遂都亮成星子
　把那片天空照得
　　閃閃發光

一九七六年

提００７手提箱的年輕人

——他夢見００７是造在乳峯上的一座水晶大廈

００７是歲月的密碼
　只打開明天
００７是高速公路上
　最帥的速度
　不往後看

提著００７
整座城跟著跑
跑到「下午三點半」
在銀行放下的鐵柵前
他不是提著一座天堂

便是提著一座墳

一九八一年

眼睛的收容所

跟紅綠燈接力跑的眼睛
跟公文來回跑的眼睛
跟新聞到處跑的眼睛
跟股市行情追著跑的眼睛
跟菜單腸胃齊跑的眼睛
跟女人乳峯上下跑的眼睛
跟刀槍與血路逃跑的眼睛
跟禱告往天堂直跑的眼睛
無論是近視遠視與老花
是帶眼鏡不帶眼鏡
跑了一整天
都一個個累倒在
電視機的收容所裡

一九八九年

都市的落幕式

煞車咬住輪軸
街道是急性腸炎
紅燈是腦出血　胃出血
十字街口是割去一半的心臟
只有那盞綠燈　是插到呼吸裏去的
　　　　　　　　通氣管

都市你一身都是病
　氣喘在克勞酸裏
　癱瘓在電梯上
　痙攣在電療院裏
　於癲狂症發作的週末
只有床忍受得了你

牛尾湯往上端　流行歌往下流
那種酒　總是往那種臉色裏死
天天　店門像一排鈕釦解開
那陰處　便對準你的發洩
夜夜　綠燈户是你的北極星
照著觀光客最後的那段路
天亮時　另一隻鳥便來接管
　　希爾頓窗外的天空
誰也不知道你坐上垃圾車往那裏去

一九七二年

玻璃大廈的異化

站在街口
看玻璃大廈
將風景一塊塊
冷凍在玻璃窗裏

坐著車出城
看玻璃大廈
在飛馳的車窗外
很快解體
飛成一幅幅風景
溶入山水
化為煙雲
眼睛追不上

便轉回車內
望著空空的雙目
竟又看到另一座玻璃大廈
閃亮在那個鄉下小孩的
瞳孔裏
走過去
要五十年

一九八六年

生存！這兩個字

都市是一張吸墨最快的棉紙
寫來寫去
一直是生存兩個字

趕上班的行人
用一行行的小楷
　寫著生存
趕上班的公車
用一排排的正楷
　寫著生存
趕上班的摩托車
用來不及看的狂草
　寫著生存

只為寫生存這兩個字
在時鐘的硯盤裏
幾乎把心血滴盡

一九八二年

主！阿門　平安夜

哈利路亞　主阿門
平安夜
最不安的
是滿街車輛
一路叫著向餐廳定位的腸胃
安不下來的
是廚房的爐火
呼叫在鐵板上的牛群
紛飛在刀叉下的火雞
哈利路亞　主阿門
管他的聖餐與聖誕大餐
用什麼作料
伯利恒離打胎婦科醫院

有多遠

上帝是否已到了禮拜堂

警察會不會揮出警棒

反正今晚

最OK的　還是卡拉OK

最V的　還是MTV

最溫暖的　還是三溫暖

最水性的　還是舞池

最繽紛的　還是香檳

最體貼的　還是身體

最高峯的　還是乳峯

不是聖母峯

註：上帝是知道的，世人常利用「形而上」的節慶，來進行「形而下」的享樂活動（寫於一九九〇年聖誕夜）

一九九一年二月

帶著世紀末跑的麥可傑克遜

一

都市在物化的城中癱瘓
　在機械的噪音中失聽
要不是你又跳又叫的跑來
給它打一針
　怎會那麼爽
一下亢奮了起來

那也是一種藥物反應
　另一種形式的作愛
　　在盲戀中
在官能的原鄉

世界上半身　空靜
下半身　動盪

你的尖叫
刺入都市空瘦的心
空洞的陰部
壓不住的宣洩與顛狂
是爆開來的啤酒廠
整座城不醉不瘋才怪

二

你是動作的全能
千萬隻手的動力
在你的手裏
千萬條腿的腿力
在你的腳中
要翻天覆地

要把觀眾拋上天
　　　　丟下海
只要你開口
千萬顆心　都甘心
千萬種情　都情願

你口一開
除了歡呼
再大的聲音都退後
你手一舉
整座城在空中搖擺
你腳一踢
都市是一隻球
你追趕過來
世界都空出來
　看你大叫大喊
把美麗的世紀末

釘在千萬眼睛的看板上
　給最賣點的新聞看

今夜
電視臺最後播出
世界上最大的音爆
　連續發生在各地的廣場
世界上最靜的地方
　是坐在山水與古玉中的故宮
　抱著交響樂沈睡的維也納城

一九九三年九月

上帝開的心臟病醫院

交給都市去跳的心臟
　　不是猛跳
　　便是亂跳
交給鈔票去跳的心臟
　　不是急急忙忙
　　便是慌慌張張
交給女人去跳的心臟
　　不是七上八下
　　便是心驚肉跳
交給政治去跳的心臟
　　不是左跳右跳
　　便是東跳西跳
一直跳的不停

心電圖呈現起伏不定
　　失控現象
高血壓昇到頂
低血壓降到底
生命喘息在臨界線上
全都垂下頭來
聽從牧師配方
在讚美詩中　呑下第一顆定心丸
在佈道詞中　呑下第二顆定心丸
在禱告詞中　呑下第三顆定心丸
然後呼一聲愛世人的耶和華
　叫一聲全能的主　阿門
　　世界在一片寧靜中
　　　全都定下來

一九九〇年

都市心電圖

「後現代情況」是現代人生存空間被
「速度」「物質化」「行動化」全部佔領，
發出的呼救訊號。

頭腦與電腦
將辦公室的時間與空間
想光

雙腳與車輛
將街道的時間與空間
走光

麥當勞與肯德基
將中午的時間與空間

啃光

電視機與女人
將主要的時間與空間
耗光

心找不到時間與空間
自己也走失了
世界空在那裏
鐘仍在轉
機器仍在跑
肢體仍在動
一個上穿中裝下穿西褲的行人
匆忙從電烤店
帶回雞心鴨心
走進玻璃大廈
舉杯邀明月
低頭　街口死咬住車禍

警車救護車追著速度來
都市一緊張心臟病又突發了
新蓋的瓦頂洋房
　拉著慢吞吞的鄉下
　　到火急的城市來
　站在街的兩旁看
也做不了什麼

一九九〇年

都市 此刻
坐在教堂作禮拜

被齒輪絞痛的都市
被速度射傷的都市
被交通亂了腳步的都市
被圓環轉昏了頭的都市
被櫥窗看花了眼的都市
被股票抬上抬下的都市
被咖啡杯酒杯倒進倒出的都市
被卡拉OK叫破喉嚨的都市
被休閒中心閒得更累的都市
被刀槍直指胸口的都市
被警車緊追不放的都市
被救護車開進急診室的都市

被垃圾車一路送行的都市
此刻，低著頭
靜坐在教堂裡
坐成一排排焦慮
一排排疲累
一排排空虛
一排排寂寞
一排排懺悔
一排排讚頌
一排排寧靜
一排排等待
等從天堂開來的車
開往天堂
都市去不了
只好又坐上橫衝直撞的車輛
經塞車的十字街口
運鈔的銀行街

傾銷各種乳罩與睡衣的博愛路
步上懸空的天橋
　天堂在橋下

一九九一年

寂

一些飄落的煙蒂
就足夠佔住整個下午
飲料在飢渴以外的地方
　流入飢渴的鐘面
一朵潔白的時間之花
　白遍了整座城

總想加上些什麼
眼睛凝視了老半天
除了窗外的街車
　亂畫著一大堆線條
紅綠燈塗改著一幅一幅的街景
天空乾脆將自己
　寫成最大的一個「寂」字

一九八一年

床上錄影

次晨
海灣裏靜得像從沒有船來過
那個海醒不過來
雙目無力得連玻璃窗上的光
　　都負荷不了

望過去
對面吃物店未清理的桌上
　　那支吸管彎在一隻空瓶裏
再望過去
　那輛沿途追著風景的跑車
　拋錨在停車場上　車蓋仍開著
再望過去

一把從浪聲中拔出來的槳
擱在空盪的沙灘上
那隻海鳥已沒入沒入最低的
那 條 水 平 線

一九七一年

都市與粽子

正在吃粽子
一顆落日淙的一聲
　　掉下去
回聲若來自汨羅江
粽子的味道
便會格外的鹹起來
是誰在江水中加進了淚

那才不會是淚呢
加在牛排上的是醋
加在魚排上的是檸檬汁
酒與咖啡喝過之後
夜便把她抱進電子琴

莫名其妙的笑起來

歷史美在傳說裏
傳說熱在蒸鍋中
那隻粽子只好又回到
　一堆糯米裏去
今夜詩人在燈下
　又該寫些什麼
當人們往泰國浴缸裏跳
那些水珠
會是江面上的浪花嗎

一九八二年

銀行

那是銀子休息與睡覺的地方
只要她醒來
「行」出去
方向全對準她
笑口對她開
槍口對她叫
計程車一路跳錶
　一路追著她跑
歲月背著薪水袋
一輩子跟著她走

她走到那裡
世界跟她到那裡

百貨公司打開店門等她
餐廳飯館打開嘴門喊她
酒廊賓館打開紅門拉她
奉獻箱打開善門接她
千萬人打開心門腦門眼門
看她想她
她是人見人愛　迷死人的艷婦
生出一個油頭粉面
吃喝玩樂的都市
就夠瞧了

一九八九年

搶劫與強暴

在深夜暗淡的街燈下
她身上擺動過來的曲線
　與他的視線接上
她項間垂掛的珍珠
　與他的眼珠碰上
她胸前聳起的乳峯
與他經常走險的長白山
　　　　　　對上
整個視覺空間
便走入原始可怕的蠻荒
看不見教堂法院與警察局
　便什麼都能做

一九八九年

永恒在都市是什麼樣子

從廣場的銅像旁經過
人們埋頭看早報的
股票行情與金價
　　銅論斤
　　金論兩

走出紀念館
人們的眼睛
一路被街上的
　　餐館
　　茶館
　　咖啡館
　　酒館
　　賓館

看
守

傳教的牧師說
禮拜堂有一個窗口
可看到天堂
他們卻堅持在床上
找另一個洞口
看永恆

一九九一年八月

進入週末的眼睛

「都市的一舉一動，總是提醒他到瑪麗那裡去」

火車站前的電鐘
　　指著七時半
夜便沿著垂直的禮拜六
　　投下霓虹燈的彩色照明彈
　　　　在瞳孔明麗的方場上
除了眩目的屍衣裹住一些趕時髦的死
酒與瑪麗是唯一在廢墟上
　　昇起的噴泉與塑像

酒與瑪麗是禮拜六海上
　　最佳的風浪與渡船
一群單身男子

以進入週末的眼睛
追擊著少女背後擺動成的那條河
掀起好危險的漩渦
漩進去　死也死在金字塔裡

當酒與臉　他與瑪麗
已說完那段火的故事
重覆的輪聲與鞋印
也死在巴士已收班的街上
那顆星是閃在海明威手上的魚鈎
勾住那座空瘦的城

一九六八年

都市的變奏曲

深夜
吃喝玩樂過後的都市
　從燈火通明的大街
　　走回冷暗的巷弄
被國術館與語文學會
兩塊直闖過來的舊招牌
　　　攔路追問
　　少林寺與故宮
　　　往那裏走
都市全身累得只想睡
什麼也記不起來
將手搖搖晃晃直指著
　正在播放武俠片與薪火相傳的
　　　　　　　　　電視臺

一九九二年四月

塞車的後遺症

經常塞車
排長龍的上下班時刻
車窗裡的臉
全是停了的鐘
時間在坐牢
沒有表情
剎車死也不讓油門
路走不出去
眼睛天天盯著紅燈發火
早就忘了雲與鳥
是怎麼走的
焦急鬱悶就是這樣來的

心臟病與胃病也是這樣來的
強胃散與強心丸
也是這樣跟著廣告
　　上電視的

一九九一年十一月

鳥聲帶著早晨起跑

幾聲鳥聲
將我醒在一個過早的
　　　早晨裏
我與地球同坐在
　樓頂的一張搖椅上

疲累的城
此刻是搖也搖不醒了
建築物關著鐵門鋁窗在睡
油煙機發動機關著電門油門在睡
街道抱著輪印與灰塵在睡
只有幾枝盆景
在守住這一片清靜

一輛急駛的摩托車
忽然將市空一刀劃破
豆漿牛乳急急流入早餐
魚肉流血入早市
兩伊流血入早報
車輛照樣滿街跑
灰塵照樣滿天飛
商店照樣人擠人
餐廳照樣來回滿
三餐之後是TV作樂
與睡眠

如有驚奇
那是百貨公司湧來的新潮
如有驚險
那是整座城飄浮在
一張薄薄的股票上

如有驚疑
那是一支毒液
打進千萬瓶飲料中的一瓶
如有驚慌
那是兩伊射出的魚雷
找的不是魚
是人
如有驚憶
那是盆景一早坐在樓頂上
想起田園
我坐在搖椅上
坐回五十年前

古典的悲情故事

休閒中心到不了文化中心
天橋到不了鵲橋楓橋
證券行到不了桃源行琵琶行
卡拉OK到不了坐看雲起時
塞車的街口到不了
　　萬徑人踪滅

他找路　路也在十字路口找他
他看錶　錶不知是什麼時候停的
他找自己　上半身往上跑
　　　　　下半身向下跑
跑來跑去
他總是有意無意

穿著唐裝　跑進歐洲牛排館
套上西裝　跑進王老吉茶藝館
吃吃喝喝之後
看一輛輛賓士
擦亮一排玻璃大廈而過
他正好加快腳步在紅磚人行道上
前些日子　一架七四七巨無霸
曾載他與空中廚房
爬上三萬呎高空的另一座玻璃大廈
去進餐
他不知該點嫦娥奔月
還是太空船奔日
一陣陣突來的亂流
使他在空中失去平衡
嘔吐之後
他便昏頭轉向的跌進
山山水水的自然

　林林總總的都市
將身體留在城裏享用
把腦袋改裝成假古董店
好去古玩那模擬式的空靈
且夾帶一些文人身邊的文墨
　好回去找八大的筆筒
　　穿杜甫的舊鞋
　　戴李白的舊帽

酌飲他們杯中的殘酒
　不也醉成那忘我的樣子
　沾上一點歷史與永恒

那真的連酒也想不到
只是國際牌冰箱裏的
　一瓶舒跑
便潑醒他在廿萬臺幣一坪的
　豪華公寓裏

望著畫在地毯與磁磚上的山水
看著盆景裏小小的自然
坐對窗外不斷向空中旋上去的
　　一幢幢高樓
他忽然發覺自己
　只是仿造在都市公園裏的
　　一座陶然亭
　環繞著假山假水
給都市的假日看

一九九二年四月

長在「後現代」背後的一顆黑痣

在英雄與命運交響樂中
尼采沿著地球的直軸
向天頂爬
　圖以自己的心　對換宇宙的心
　　同永恆簽約

千萬隻眼睛
仰視他一個世紀
看累了　從高空下來
世界平躺在地上
連隆乳器也抽掉
天地相望　誰都不高
卻苦了飛不起來的天空
反正飛與跑與行
　都是走

走到那　都有你的
博士與名星携手走進熱門
歌星與莫扎特同進一間錄音室
詩人與師爺同坐一張書桌
五毛四毛長在毛姆的額上
　　根在培根的頭上
燕尾服穿上牛仔褲
啤酒屋與靈糧堂各吃各的
大廈在指壓粉壓下動不了
A主編暗設精神馬殺雞
B作者上下身都爽
反正上流下流一起流
　　溝水海水都是水
清不出來的　都進入陰溝
走不出來的　都擠進黃燈
將東南西北在方向盤裏
　　炒成一盤雜碎

一九九一年十月

後現代A管道

後現代　嬉皮笑臉
跟著緊繃著臉的現代
走過來
把往上看的眼睛
向下看
世界變矮
偶像倒在地上

將皇冠與古羅馬的圓頂
往大廈的頭上戴
把壓克力透明屋頂與天頂
頂在一起

開賓士到鄉下
帶田園的大樹到高樓裏來
與都市相會（註）
穿一雙「雅皮」「優皮」皮鞋
踩整座城進豪華地毯
拖一雙拖泥帶水的拖鞋
拖整座城進大街小巷
方向該往那裏走
只要是路
都可四面八方
混進來
一起走
方向該往那裏流
看向低處流的地下水
只要是水
都可持不同的水質
混進來

一起流

方向該往那裏叫

看向大眾叫賣的擴音器

只要是攤位

都可拿不同的貨色

混進來

一起叫

方向該往那裏休息

那要看它累成什麼樣子

煙灰缸空酒瓶

休閒中心與教堂

都是好地方

●

在三百六十度開放的時間廣場上

有人走進新東陽老大昌

有人衝入麥當勞肯德基

有人將咖啡倒進龍井
有人將檸檬擠進牛乳
有人舉左手舉右手
有人左右手一起舉
有人抱股市的屁股
有人抱女人的屁股
有人抱文章的八股
有人將文化裸成她的胴體
有人把崇高
　　聳立在女人的乳峯上
有人把酒瓶玉腿與槍支
　　當作天堂的支柱
有人用一堆銅與水泥
　　　　堆成永恆
只要你高興
一切都由你
價值由你定

歲月由你選
世界任你抱

註：「現代啓示錄」餐廳建築，是臺北市極具後現代裝置藝術的造型觀念，不但屋頂透明；更不可思議是將一棵古老的大樹移種在屋內，使都市與田園的景象，呈現在同一個造型空間內，彼此對話。又詩中的「雅皮」與「優皮」是相對於「喜皮」，講究高品質的物質文明生活，不像「喜皮」不修邊幅。

一九九〇年四月

後現代〇管道

世界裸到〇
而〇非零
〇是一個沒有圓周的圓
　一個新的美麗的原始

●

天空重現它新的廣闊
大地重現它新的遼闊
江河重現它新的流動
海洋重現它新的波動
雲鳥重現它新的飄動
四季重現它新的春夏秋冬

四方重現它新的東南西北

●

當古往今來已全面通行

　都市與田園也全部通話

世界便整個解開來

重又組合成一座

　新的自然

註：西方有些「後現代」思想家，曾提出〇度創作觀念（ZERO DEGREE CREATING）

一九九〇

「世紀末」病在都市裏

先是銅從銅像裏走回五金行
　夢娜麗莎嘴上畫上鬍子
然後是上帝問自己從那裏來
最後是鞋問路
　路問方向
方向問進了一盞快熄滅的燈
　　　　　關上門來睡
　　　　　　等天亮
過去的過去的過去　呼呼大睡
未來的未來的未來　呼呼大睡
現在　　夾在中間　　睡不著
　　　　　　便蹓跑出去
直跟著失眠的都市

一起抽煙喝酒
一起看裸體畫
一起卡拉ＯＫ
一起張大眼睛
倒在興奮劑與安眠藥裏
翻來覆去
一條不帶岸的船
飄航在起伏的海上

一九九一年十月

據說後現代是一隻狐狸

那不是溜冰場
也不是幼稚園裏的滑板
它走過的
　明明是翠綠的草地
你跟著走
　腳下竟是滿地的青苔
　　　一路跌交
你追它
　路外有路
　洞裏有洞
除非能抓住流星的尾巴
據說後現代就是一隻狐狸

同新人類正在玩
新的捉迷藏遊戲

一九九三年九月

附錄部份有關評論

分析羅門的一首都市詩

張漢良

以民國三十八年政府遷臺爲分水嶺的中國現代詩，前後兩期可鈎勒出某些相異之處，包括語言的運用與題材的選擇兩方面。後者的具體表現之一，是詩與現實世界的摹擬（mimetic）關係。現代化造成的社會結構與生活型態的改變，往往衝擊著敏感的詩人。反映這種社會現象的都市詩（urban poetry）乃應運而生，最具代表性的詩人便是羅門。

在西方，都市詩濫觴於象徵詩人波特萊爾（Baudelaire）的「惡之華」（*Les fleurs du mal*）；十九世紀後半葉與寫實主義小說並駕齊驅；經過頹廢詩人與「世紀末」（*Fin de sicle*）詩人的宏揚，如湯姆森（James Thomson）的「惡夜之城」（"*The City of Dreadful Night*"）。布卡南（Robert Bucahnan）的「倫敦詩鈔」（*London Poems*）；到二十世紀初，由艾略特（T.S. Eliot）的「荒原」（"*The Waste Land*"）總結。這個傳統在中國並不明顯，羅門可算是獨樹一幟者。

羅門是臺灣少數具有靈視的詩人之一，他的靈視與象徵系統，基於個人的三元（或二元）世界觀。第一自然是「日月星辰、江河大海、森林曠野、風雨雲霧、花樹鳥獸以及春夏秋冬等交錯成的田園與山水型的大自然景象」①；亦即浪漫主義者所嚮往的自然。第二自然是與大自然抗衡的人爲世界，「現實生活環境與社會形態」②；亦即古典主義者用以肯定人定勝天價值觀的世界，其具體象徵便是城市。第一和第二自然構成了人類生存的「兩大『現實性』的主要空間」③。但對詩人與藝術家而言，這個空間祇是起點；創作的心靈，「追隨著詩與藝術的力量，進入那無限展現的『第三自然』④。我們可以說，第一自然與第二自然爲詩的素材；而作爲摹擬藝術的詩，所呈現的便是第三自然。如果把羅門的一、二自然歸納爲現象界；那麼詩所營構的世界，便是超越此現象界的本體界。這正是「超越象徵主義」（Transcendental Symbolism）的藝術觀，葉慈（W.B. Yeats）的拜占廷（Byzantium）便是一例。

作爲批判現代生活的都市詩人，羅門經常表現的主題之一，是第一自然與第二自然的衝突，或前者被後者的挫敗與戕害，如「鳥」中所示：

要不是鳥籠
使原野瘦了
翅膀怎會想自己
是天空的兩扇門
眼睛也不會望成
窗外的風景

另一常見的主題，是詩人運用類似自然主義的手法，如外科醫生以手術刀把現實人生或社會切開，呈現血淋淋的「人生切片」（tranche de vie）。這種「切片」分別有理論的基礎與實踐的特色。第一、由於人被視爲一種自然生物，他服膺於自然的決定論，即受遺傳與環境的影響。第二、詩人取材不受限制。以往認為不雅的、不入詩的，現在皆可入詩。但有時詩人矯枉過正，鏡裏反映的社會與人生反倒是黑暗的、病態的。如「都市的落幕式」所示：

煞車咬住輪軸
街道是急性腸炎
紅燈是腦出血　胃出血
十字街口是割去一半的心臟
只有那盞綠燈　是插到呼吸裏去的
　　　　　　　　通氣管

都市你一身都是病
氣喘在克補與克勞酸裏
癱瘓在電梯上
痙攣在電療院裏
於癲狂症發作的週末

在這兩節詩中，都市被擬人化：街道是腸；紅綠燈是控制輸送的樞紐；都市的病也是人的病。治療這些疾病的藥物與方法：克補、克勞酸與電療院，一方面經營著都市與人的暗喻關係；另一方面也相當濃縮與逼眞地刻劃出現代人的病態生活。這正是最典型的都市詩。

羅門喜愛表現的第三個主題，是人扮演著第一自然與第二自然之間的中介因子。以下筆者援用結構主義的批評方法，分析「咖啡廳」一詩，以為例證。

一排燈
排好一排眼睛
一排杯子
排好一排嘴
一排椅子
排好一排肩膀
一排裙子
排好一排腿
一排胸罩
排好一排乳房

一排眼睛
排好一排月色
一排嘴
排好一排泉音

一排肩膀
排好一排斷橋
一排腿
排好一排急流
一排乳房
排好一排浪
夜便波動起來

「咖啡廳」這種使用串連句法的詩，由於貌似自動寫作（L'ecriture automatique），往往爲人詬病。受潛意識操縱的自動寫作，與語言衍生現象以及成品的關係如何，此處不論。但有兩點需要說明。第一、自動寫作的問題不在句構（syntax）。它的句構與普通句構並不同。第二、問題在語意（semantic）。自動寫作的局部語意可能成立，但從整個文義格局（semantic context）——如果文義格局一詞能夠成立的話——看來，亦即從作品的目的論（

teleology）看來，可能會發生問題⑤。本詩——或任何詩——是否自動寫作，需要詳細論辯，此處不論。事實上，本詩的結構異常嚴謹，此處所謂之結構，包括意象與節奏兩方面，而後者並不指狹義之押韻與格律。此爲現代詩俗成體制，無庸辭費。

結構主義批評家雅可布遜（Roman Jakobson）指出人類語言結構的兩大原則：換喻（metonymy）與暗喻（metaphor）。前者是連貫性、時間性的，形成語言的直線型句構，亦即德索許爾（de Saussure）所謂的 syntagmata；後者是置換性的、空間性的，往往形成語言的非直線型意構，其關係亦即德索許爾所謂的 paradigmata。一般說來，散文的結構是喚喻式的，是邏輯的（logical）；詩的結構是暗喻式的，是類比的（analogical）。詩的功能，套用雅可布遜的名言，便是「把相同原理從選擇軸上投射到連貫軸上。」（"The poetic function projects the principle of equivalence from the axis of selection into the axis of combination."）⑥。這語言的兩大原則與夢的結構原則完全相同，已由結構主義心理分析學家如拉岡（Jacques Lacan）等人指出，適爲自動寫作之辯護，此爲餘話。

羅門的「咖啡廳」是說明上述語言結構的最佳例子，試分析如下。首段單數行（一、三、五、七、九行）的意象，如「燈」、「杯子」、「椅子」、「裙子」、「胸罩」，皆屬「第一自然」（此處爲人體以外的物件）；更確切地說，它們屬於人爲的「第二自然」（咖啡廳）。這些物件的關係是鄰近的（contiguous）、啣接的（consecutive），燈→杯子→椅子→裙子→胸罩。這種啣接關係，無疑呈現一個時間性的行動過程，我們很容易以一散文的句構表示：

「〔進入咖啡廳的〕燈〔下〕；〔端上咖啡〕杯子；〔坐在〕椅子〔上〕；〔撩起〕裙子；〔露出〕胸罩。」方括弧裏的字，是散文意述（paraphrase）或文法正常化（normalization）時所加上去的字。此處閒話一句。新批評者反對意述，布魯克斯（Cleanth Brooks）認爲它是「異端」（"heresy"），殊不知他們忽略了文學作品作爲傳播行爲，需要涉及接受狀況。接受詩時，讀者很自然地會把文學的體制性語言（conventional language），意述爲自然語言。「正常化」之所以被稱爲「自然化」（naturalization）⑦，正是這個原因。新批評最大漏洞，即忽略了作者的意圖（intentionality）與讀者的接受情況（reception），卻強辭奪理爲專注訊息（message），甚至提出似是而非的「意圖謬誤」（Intentional fallacy）與「效應謬誤」（Affective fallacy）。這現象在國內尤其嚴重，此處暫且不談。要之，我們發現，本詩第一段單數行的意象關係，透過散文意述，是換喩式的。

類似的結構亦見諸偶數行（二、四、六、八、十行）的意象關係。眼睛、嘴、肩膀、腿、乳房同屬人體的部份，暫且稱之爲「第一自然」的部份，它們彼此的關係亦爲鄰近的、連續的換喩關係，因此可產生與單數行平行的行動過程或句構。

然而，單數行與偶數行意象之間的關係，則是暗喩的。例如一行的視覺意象「燈」被置換爲二行的視覺意象「眼睛」；三行的「杯子」被功能性地置換爲四行的類推，「椅子」與「肩膀」；「裙子」與「腿」；「胸罩」與「乳房」的置換，皆基於類似的功能性。

第二段單數行的意象，完全是第一段偶數行意象的重複。不同處在於此地的「眼睛」、

「嘴」、「肩膀」、「腿」、「乳房」（原屬「第一自然」的人體），由於在第一段與「第二自然」發生功能的聯繫，已轉變爲人爲的「第二自然」的屬物。和它們對位的是偶數行的「月色」、「泉音」、「斷橋」、「急流」、「浪」等屬於「第一自然」的意象。而同爲視覺意象的「眼睛」與「月色」又互爲暗喻關係；「嘴」與「泉音」復爲功能性的暗喻置換。底下依此類推，最明顯的便是「乳」「浪」這個俗成的暗喻所建立的意象關係。

如果我們以符號代替一、二兩段的意象，A（燈）、B（杯子）……代表「第二自然」；A″（月色）、B″（泉音）……代表「第一自然」；那麼A′（眼睛）、B′（嘴）……便是這兩層自然之間的介中因子，調和了兩者的對立。圖示如下：

一段

E ← D ← C ← B ← A
↙　↙　↙　↙　↙
E′ ← D′ ← C′ ← B′ ← A′

二段

E′ ← D′ ← C′ ← B′ ← A′
↙　↙　↙　↙　↙
E″ ← D″ ← C″ ← B″ ← A″

A（燈）……與A″（月色）……兩組意象群之間，顯然是暗喻關係，如對角線箭頭所示。介於「第二自然」與「第一自然」之間的，便是A′（眼睛）……這個分屬兩重自然的介中因子。「人」指出這兩層自然彼此的離異；或者溝通它們。事實上，構成本詩行動句構（syntagm）——或套用藍遜（John Crowe Ransom）的名詞「邏輯結構」的，便是一連串相連的、互爲換喻的人體器官，如水平箭頭所示。人介於兩層波動的「浪」之間，便是這個意思，因此本詩末段爲水平排列。

總結一句：本詩一、二段的兩組意象群，「燈……」與「月色……」分屬第二與第一兩層自然；它們的關係是暗喻式的，認同卻又牴觸。它們與人體器官的意象群，又分別爲暗喻關係。結合前兩組意象群的，便是兩段皆出現的、連貫的、一系列的人體器官換喻。本詩說明了詩是語言的暗喻結構（選擇軸）投射到換喻結構（連貫軸）。

透過本詩結構的分析，我們看出羅門的觀念：人如何介中於「第一自然」與「第二自然」之間，指出它們的離異，或調和它們；或如何能夠藉詩的活動，創造出一個超越這兩層自然的新秩序。這新秩序就是他所謂的「第三自然」。

【附註】

① 「羅門自選集」，臺北，黎明文化事業股份有限公司，一九六五年，頁五。

② 同上，頁六。

③ 同上。

④ 同上。

⑤ 參見 Michael Riffaterre., "Semantic Incompabilities in Automatic Writing," in Mary Ann Caws ed, *About French Poetry: from Dada to "Tel Quel"* (Detroit. Wayne State Univ. Press, 1974), pp.223-241.

⑥ 參見 Roman Jakohson, "Linguistics and Poetics," in Thomas A. Sebeok ed., *Style in Language* (Cambridge. MIT Press, 1960), pp. 350-377. 換喻與暗喻的討論，參見 Roman Jakobson and Morris halle, *Fundamentals of Langauge* (The Hague. Mouton, 1956), Ch. 5.

⑦ 「正常化」爲結構主義批評極重要觀念。參見 Jonathan Culler, *Structuralist Poetics* （Ithaca, New York. Cornell Univ. Press, 1975）, Ch. 7.

（「中外文學」一九九七年五月一日）

【附】

都市詩言談——臺灣的例子

張漢良

臺灣都市詩的大宗師羅門喜歡處理都市／自然的辯證以及人的中介現象，試以〈玻璃大廈的異化〉爲例。

站在街口
看玻璃大廈
將風景一塊塊
冷凍在玻璃窗裏

坐著火車出城
看玻璃大廈
在飛馳的車窗外
很快解體
飛成一幅幅風景

溶入山水
化爲煙雲
眼睛追不上
便轉回車內
望著空空的雙目
竟又看到另一座玻璃大廈
閃亮在那個鄉下小孩的
孔瞳裏
走過去
要五十年

（一九八七年）

物質文明的發展造成人的異化：人與自然以及人性的離異。這個通俗的「批判」概念與羅門大力宣揚的三重自然藝術觀可相互發明。作爲第二自然都市換喻的玻璃大廈，象徵著人與第一自然的異化（首段）。要克服異化祇有回歸第一自然，即二段所述玻璃大廈被解體爲山水。但這種慾望是挫敗的，眼睛已追不上山水。回眸望車內，另一座玻璃大廈在鄉下小孩的瞳孔內成形，半個世紀的異化過程已經改變了人性。在人爲的都市內，玻璃大廈規模自然，將風景凍住；走出城外，人爲規模又被解體。中介兩種自然，參與與詮釋它們的抗衡關係的，則爲人的眼睛（二、六、十二、十四、十五、十七行），一個羅門慣用的象徵，也是符號生產原則的第一因。依前述符號模式變型律，符號的生產以知覺模式的建立爲始，其實，閱讀過程豈不也有賴此知覺模式。羅門的詩正文（第三自然）昭示了這種符號的轉化過程。

羅門的〈玻璃大廈的異化〉在編年史上是近作，然而構成詩正文的主導符號「大廈」與「眼睛」非僅書寫了都市人作爲生活空間的觀察者，也是城市符號正文的工具……羅門的眼睛中介了都市與自然的衝突。

（節錄該文中羅門詩例部份——見當代雜誌32期一九八八年十二月一日）

■張漢良：比較文學博士、文學批評家、國立臺灣大學外交系教授。現任臺灣比較文學學會會長。

評羅門的「都市之死」

張　健

「都市之死」是羅門的力作。那種寓批判於感受的作法，自非無前例可援。而主題之凸現，又較同型的「深淵」（瘂弦）「咆哮的輓歌」（方莘）爲甚。除了朗然的風格外，更予人堅實矗直的感覺。

本詩的六節，可謂漸入佳境，愈後愈郁。首節首段開始得差強人意，很可能立即使人不耐深入細讀。第二節後，漸次扣人心絃，至：

誰也不知太陽在那一天會死去
人們伏在重疊的底片上再也叫不出自己

情感上的壓力已臻高潮，末竟結以「沒有事物不回到風裏，如……」使人覺得作者的藝術才能已前躍了一大步。

作者對宗教給予二十世紀人類的作用之批判，已屢見不鮮。但在本詩中可謂集大成。第三節由「人們逃亡六天後回到牧師那裏」寫起，直到「十字架也用來閃爍瑪麗（按：似應用「夢露」）半露的胸脯」，皆是宗教與物慾的交織及爭議。其中「而腰下世界，是自靜夜升起的一輪月　是一光潔的象牙櫃臺」有一種出乎意表的淒然之美。

第四節升起了「死亡」——「站在老太陽的座車上」，且「向響或不響的事物」、「醒或不醒的世界」呼喚。在詩人的眼中，「生命是去年的雪，婦人鏡盒裏的落英」，而人們則在都市的「獸」腹中飄盪。讀至「指針是仁慈且敏捷的絞架」諸行，直覺作者筆下未免太忍了。

第五節的「掙扎的手臂是一串呼叫的鑰匙　喊著門　喊著打不開的死鎖」，已是悲劇感的高度意象化；歲月的回音，靈魂的人造花畢竟都何所值？詩人向此悲慘的時代「發出驚呼」了。末節，「都市，在復活節一切死得更快」，可說是一個濃化的總結：

而你是剛從花轎裏步出的新娘
是掛燈籠的初夜　菓露釀造的蜜月
一隻裸獸　在最空無的原始
一扇屏風　遮住墳的陰影
一具彫花的棺，裝滿了走動的死亡

大刀濶斧的比喻之羅列，破釜沉舟的死亡之爆發，造成了一股鮮有其匹的尾聲。

它比瘂弦的「深淵」觸及的面廣泛，與現實則多了一層象喻式的距離，但此點並未減弱了其雄渾的力量。較之「咆哮的輓歌」，它沉著些，焦點也清晰些。但羅門卻未能釀就那種「風蕭蕭兮」的氛圍。

甚至在這首最能融合智慧、人性與美的大詩裏，羅門亦未能全然避免生硬的處理。有些造句仍不夠圓潤，如「仍用眼睛去想造物藏在女人身上的秘密」，「急著將鏡打碎，也取不出對象」，「所有的拉環與把柄都是斷的」。但爲過多的比喻擠塞的情形，本詩中已較「第九日的底流」鮮見。只是某些部份與「精鍊」尚有若干差距。

「都市之死」除首節較弱外，餘均鏗然有聲；且首尾的處理已能做到似鮮朗實盪漾，節與節之間恍若有不可察見的鎖鍊。這些都是本詩的特殊成就。

現代文學季刊二十期一九六四年三月

註：此文節錄自張健教授的「評羅門的『第九日的底流』」書評。

■張　健：詩人、評論家、兼寫小說、散文與專欄，國立臺灣大學中文研究所教授。

在文明的塔尖造塔——羅門都市主題初探

林燿德

一、前言：「厭倦都市就是厭倦生命」

現代都市的定義是什麼？它的範疇應該依據行政區域的法定界線，還是它所統治的人口分配來決定？流動的城郊區域與內在於都市中的「邊際社區」，到底是現代都市集合體的一部份，還是外於現代都市定義的概念模糊地帶？或者，都市一詞的指涉實爲無端崖的虛無之鄉？對於成爲都市詩主題的現代都市，其定義也許必須超越歷史學、社會學與公共行政學的都市概念，成爲一種雜揉了個人心理機轉、人須集體潛意識、建築造形、時空結構、排比交錯的網狀組織、疊合交纏的次文化系統……等等的綜合體。

在人類早期的歷史中，都市便是思想家與行動家的發軔地。固然在中世紀之後，商業文明全面地滲透了都市，抱持樂觀主義自然法論的聖湯馬斯．亞奎那斯（St. Thomas Aquinas）這樣說：『一個良好的社會，必須謙遜地使用商人。』但是在人類開始邁入後期工業社會的全球性都市化紀元的關口，都市，這被莫理斯（Desmond Morris）喻爲「人類動物園」（The Human Zoo）的超級部落，更必須依仰詩人的訊息來支撐與修補集體靈魂的龐大建築，在器物文明的塔尖起造精神之塔；同樣地，詩人的個體也被都市的一切所浸漬、滲透，在往返的互涉關聯中，集體靈魂通過了詩人方寸間的內在轉化機能，而以語言的面貌顯現，掌握語言的詩人同時在創作的過程裏躍爲都市文化的一條槓桿、人類精神發展史的一枚齒輪。羅曼（Jules Romain）對於文學發展將在集團心理的層面得到能源的預示，已在都市文學的茁壯下得以實證。

羅門是中國現代詩人中經營都市意象迄今歷時最久、成就最豐碩的一位，自一九五七年的「都市的人」到一九八五年的「麥當勞午餐時間」、「夏的連鎖店」，近卅年的時間中，一直持續著對於現代都市的探索與挖掘，他已不僅止於陳煌所指的「都市詩國的發言人」（見「明日世界」第一二〇期，一九八四年十二月出版），更是一個不斷在文明塔尖造塔的思想家。羅門的創作一向有其形上的憑依，他認爲都市詩是人爲第二自然——都市型生存空間的產物，關於此點，羅門在「對都市詩的一些基本認知」一文中提出了下列命題：

(1)都市化的生活環境，不斷激發感官與心態活動呈現新的美感經驗，也不斷調度與更新創作者對事物環境觀察與審美的角度。

(2)現代都市文明高度的發展與進步，帶來尖銳與急劇的變化，導致一切進入緊張衝刺的行動化運作情況。創作者逼近前衛性與創新性去不斷進行突破，是必然的。

(3)承認現代都市文明已構成心象活動重要的機能與動力。

就此吾人可以理會，羅門已經完全把握著都市時空的變異性、創作者向前衛領域不斷逼近的必然性以及都市文明的淫威正君臨一切藝術的天空等時代課題，在他諸多同時蘊含著批判與禮讚的雙重立案中，羅門似乎絲毫不曾減低對於都市的強烈興趣。在這個時代，「厭倦都市就是厭倦生命」，確實是一句箴言吧。

二、人是都市流動的紋身

羅門從事現代詩的創作，不只因爲文學能賦與一切存在種種詮釋與證明，更爲重要的是在照明「人」，尤其是詩人自己也同時內在於人的族群、根性與形式裏。他曾經寫道：

當一個現代詩人面向著這極端不安與動亂的現代暴風浪時，他詩中所顯示的精神形貌：若不是堅定信心設法通過它，便是毫不抵抗地順服它，或者是見而避之，或者是與之相背而馳，無論是屬於上述的那一種，都終歸不能逃脫「人」。上面已一再說過，任何藝術，尤其是詩，發展到了現代，它若是與「現代人」的精神缺少聯繫，我們雖不敢全然否定它在現代的地位，但在生存比一切都預先存在的現代意識中，在廿世紀高喊「生存」甚於一切的急潮中，我們敢說，凡是與現代人「性靈」缺少摩擦力的作品，或任何與人脫節的形而上的工作，都將顯得脆弱與缺乏吸引力。所以史班德說：「詩不是摩爾凡爾的鹿，吃蓮花過活的」。我想詩在現代應該是連續追擊「人」的一種最厲害的東西！（「時空的回聲」第四十四頁）

詩在現代既然是連續追擊「人」的一種利器，那麼處身在現代都市環境中，各自具備種種身分證件的人們，到底是用什麼樣的姿態存在著？在當代人口急遽流動的都市系統中，人就是都市流動的紋身，進出一道道的門、通過一條條的路，人與人之間的聚合無常，居住與工作場所更無恆定，在這種完全異　於農業時代聚落的人工地域，人性的「邊波穩定」確實是一個至今仍屬全新的心理學領域。羅門和當代的行爲科學與文化人類學家有著接近的看法：

鋼鐵的都市，它以圍攏過來的高樓大廈，把遼闊的天空與原野吃掉，人類的視覺聽覺與感覺在跟著都市文明的外在世界在急速地變動與反應，現實的利害又死死抓住人們的慾望與思考不放，人便似鳥掉進那形如鳥籠的狹窄的市井裏，詩的聯想之翼也自然地收下，日漸退化，飛不起來，且逐漸忘去內心中那片壯闊的天空，於是詩與心靈便一同在人生存於日漸物化的都市環境中被放逐，人的內在生命遂趨於萎縮與荒蕪了。所以我堅持詩的偉大的聯想力，是打開這隻鐵籠使一切存在重獲最大自由的力量。（「時空的回聲」第二百九十九頁）

由都市中所蘊育出來的罪惡來看，都市猶如水泥與鋼鐵所包圍的叢林；而由人性在都市環境下造成的扭曲與異化這個層面觀之，都市便是一座「人類動物園」。都市人被圈圍在建築與組織的牢籠中，荒蕪的心靈，且待『詩的偉大的聯想力』來開啓一道通向眞正自由的大門。

羅門刻劃都市人生，如鑄鼎象物，無論三教九流，在他筆下都畢現尺幅。「都市的五角亭」（一九六九）透過五種不同職業的描寫，支撐起器物文明的甍宇；副題『他死拉住都市不放／都市也死拉住他不放』，即點破了人與都市糾纏不清的宿命，五種職業的抽樣研究，其實已涵蓋了絕大部份的都市人生。「送早報者」一節：

「昨日」沒有被斃掉
「昨日」坐印刷機偷渡回來了

那是在牛乳瓶的聲響之前
安娜還未游出臂灣之前
他的兩輪車衝在太陽的獨輪車之前
「昨日」像花園被他搬了回來

人們的眼睛擦亮成瓶子
等著插各色各樣的花
文明開的花　炸彈開的花
上帝愛看或不愛看的花

一、二句極爲生動，「昨日」的歷史在紙面上再度映現，『偷渡回來』的當然不是完全的「眞實」，而是經過採訪蒐集、匯總增刪、校對編輯，再透過印刷機複製出來的「昨日」，在每一個過程中「眞實」都遭受剪裁整修，一直到了「送早報者」的車籃上，報紙登錄的「昨日」已經和眞實的昨日有了若干的出入；新聞本來就無法和原始事件完全貼合，至多只能做到一種「向眞實無限制趨近」的努力，因此羅門將「昨日」加上引號，實有極深刻的寓意。三至六句描寫「送早報者」的行動，家家戶戶的瓶裝牛奶沒有送到，女子尙未在夫君的懷中醒起，『太陽的獨輪車』也未自都市參差巘巇的天空線上出現，此刻「送早報者」正將像一座花園似的「昨日」搬回了沒睡醒的都市。晨起的人們，他們的眼睛被喩爲擦亮的『瓶子』，習慣性地等待「昨日」的資訊，種種資訊都是『花』，好花與壞花，不論『上帝愛看或不愛看』，都一股腦兒插入眼睛的花瓶裏。這節詩，不僅明晰地交待「送早報者」的工作態樣與新聞紙的性質，也進一步滲入都市人一天開始的生活，把現代人盲目接受資訊的情境做一價值中立的敘述，而把嘲諷隱匿在文字的背後，頗堪翫味。

「擦鞋匠」、「餐館侍者」、「歌女」、「拾荒者」四節，都觸及「存在的迷惘」，四種人具備不同的職業身份，卻並軌行駛在一條謬悠的路途上，呈現出現代人在都市中「集體失蹤」的心靈悲劇：

「在風沙裏
　他的手是拉不斷的繩索
　　將一隻一隻運陽光的船
　拉上路時
　他已分不出自己的手
　　　　　　是帆』

（摘自「擦鞋匠」）

『在白蘭地與笑聲湧起的風浪裏
遊艇與浪花留一些美麗的泡沫給他
對著滿廳紊亂的食盤
他摸摸那隻飛不進花園的黑蝴蝶
摸摸胸前那排與彩券無關的號碼
摸摸自己
他整張臉被請到燈的背面』

（摘自「餐館侍者」）

『聲喉一伸
便伸成市民常去散步的那條路
那條路往前走　是第五街
再往前走　是她的花園
再往前走　是她花園裏的噴水池
再往前走　是那死在霧裏的廢墟

荒涼如次晨她那張
被脂粉遺棄的臉』
（摘自「歌女」）

『為嗅到亮處的一小片藍空
他的鼻孔是兩條地下排水道
在那種地方　還有那一種分析學
較他的手更能分析他的明天

背起拉屎的城
背起開花的墳地
他在沒有天空的荒野上
走出另一些雲彩來
在死的鐘面上
呼醒另一部分歲月』
（「拾荒者」全節）

「擦鞋匠」在機械化的擦鞋動作中『分不出自己的手』；「餐館侍者」的臉，竟是被自己『

請到燈的背面』的一紙虛無；「歌女」的『路』，從『市民常去散步的那條路』一直走到『死在霧裏的廢墟』，這『廢墟』的荒涼一如『次晨她那張／被脂粉遺棄的臉』；「拾荒者」用他的手『分析明天』，用他的腳走出虛幻的『另一些雲彩』。這些人都被他們的職業所吞噬，也許，上過脂粉的臉才是「歌女」眞正的面孔、擦鞋的手才是「擦鞋匠」唯一的手，他們得自自然的面孔與手掌，俱已捲入文明的黑洞消匿無跡，他們身爲「自然人」的本質，也隨著「集體失蹤」的隊伍開赴四次元的夾縫裏了。

「五角亭」之外，提007皮箱的編號紳士是都市人中另一普遍的典型：

007是歲月的密碼
只打開明天
007是高速公路上
最帥的速度
不往後看
提著007
整座城跟著跑
跑到「下午三點半」
在銀行放下的鐵柵前

他不是提著一座天堂
便是提著一座墳

（「提007的年輕人」，一九八一）

首段寫商人的英姿勃發，007內盛裝的文件『只打開明天』、『不往後看』，007本身的象徵意義，不但是『歲月的密碼』，更是『高速公路上／最帥的速度』。商業是現代都市的神聖宗教，鈔票、股票、支票、本票、滙票、提單、保險單、產權證明、委託書……這些007裏的文件共同締造了一座「紙的迷城」，在這座城內，所有的遊戲規則，均建立在紙面的指示上，這是一個多麼驚人而殘酷無比的事實。有權進入「紙的迷城」的編號紳士們，仍然要受到「下午三點半」的審判，軋款也好、提錢也好，分秒必較的商場上，這些提007的年輕人並不如我們想像中的體面和雍容，『在銀行放下的鐵柵前』，他的007不是實現了『天堂』，就是化爲一座自己的『墳』。在十一行詩中，羅門簡扼的文字狠狠刺穿了「紙的迷城」，現代詩人對於商業文明的鏡射與思省，可謂無出羅門之右者。

三、性以及視覺的暴力

性在都市，一直是文化人類學家與性心理學者注意的焦點。都市矗立的巨廈與高塔，在在暗示著父系社會的男性權威結構，在男人視覺的暴力下，女人的身姿於都市系統中遂成爲一種獨特的族類。羅門有關都市女性的詩作，已超越了對於都市女性的摹寫素描，其眞實的內涵乃是「視覺暴力」的開闔反正。試讀一九七六年完成的「露背裝」與「瘦美人」二詩：

眼睛圍在那裏
大驚小怪的說
那是沒有欄干的天井
　　近不得

警笛由遠而近
　由近而遠
原來那是廿世紀新開的天窗
眼睛遂都亮成星子
　把那片天空照得
　　閃閃發光

（「露背裝」）

她站著
一根直軸
把眼球與地球一起轉

直到她走動

她走動
一縷飄煙
把曠野幽美的臥姿
遠方溫婉的睡態
都先描了出來
等著她臥下

她臥下
一條水平線　游在海上
擺盪成曲線　是江
起伏成弧線　是月
伸展成直線　便月湧大江流

（「瘦美人」）

羅門以普遍性的男子眼光去摸索都市女郎或靜或動的身材、裝扮與行止，詩句的流程猶如一連串追蹤鏡頭的剪輯，女性的局部特寫和長鏡頭的全身拍攝一一開顯，觀眼的視覺侵略也在文字背後同步進行。「都市·摩登女郎」（一九八一）一詩也採取相類的表現手法：

　她走在街上
　整座城跟著她扭動
　沒有不被扭開的

　所有的
　眼睛爲她開
　服飾店爲她開
　花店爲她開
　套房爲她開
　酒爲她開
　支票爲她開
　她只開開口
　她口不開
　都市這條主題歌
　　誰來唱呢

起手，走在街上的「摩登女郎」便撼動了她所及之處，整個都市都在窺視她，羅門採用卡通

（動畫）式的活潑筆調，讓『整座城』跟著女郎的雙股扭動起來，一個鏡頭接著一個，男人的『眼睛』亮開了、『服飾店』、『花店』、『套房』的門扉一一被推開了、『酒』的瓶蓋打開了、『支票』上空白的金額欄也爲她開下，這一切只須她『開開口』，都市是少不了『摩登女郎』的，更明白的說，是少不了她「性的提供」。「都市這條主題歌」要「摩登女郎」的性魅力來『唱』，而不是要她的智慧與才能來『唱』，這是男女平等理念的絕對反證，也是現代都市赤裸裸的實況之一。在「摩登女郎」詩中塑造出的微醺的輕快氣氛下，所諷刺的何止是迷失的「摩登女郎」，更包括了那些唯性是圖、買櫝還珠的編號紳士。

四、腔腸文化叢考

羅門的都市主題中，有許多篇目與都市人的飲食有直接的關係，並藉之深入心理及文化的剖面。如「餐廳」（一九七六）、「咖啡廳」（一九七六）、「咖啡情」（一九七六）、「都市與粽子」（一九八二）、「摩卡的世界」（一九八三）、「麥當勞午餐時間」（一九八五）等皆爲著例，吾人不妨將之視爲都市的「腔腸文化叢考」，當然，這些「叢考」的幅面與向度實際上涵蓋了整個都市精神結構，遠遠跨越了腔腸與餐桌的狹隘範疇，而落實在心靈空間的分析上。

「餐廳」一詩看似專寫食慾，其實包裝紙下是對文明的批判：

滿廳的頭

飄空成節日的氣球
眼睛圍著看
　一幅一幅悅目的畫
直至把畫廊快擠破了
才發覺那是個腸胃

一刀下去　若是一條閃亮的河
　　必有魚在
一叉上來　若是魚
　必有歲月游過來
如果雙筷是猛奔的腿
　　必有饑渴的嗥叫
　　　在荒野上
要是田園已圓滿在盤裏
　必有兩排牙在痛咬著
　　　大地的乳房

第一段以超現實的手法處理，置於餐桌上，被圍觀的『畫』，原來是一套象徵性的『腸胃』。

第二段仍然賡續前段的風格，大自然的意象：『閃亮的河』、『魚』、『荒野上』、『田園』、『大地的乳房』，配合進餐的行動一一浮現，造成極度的夸飾效果。人在餐桌上無饜的享用，猶如都市竭澤的吸取自然資源，自然不也是『圓滿』在地球的周沿，任都市的兩排牙大口地痛咬？

「咖啡廳」爲羅門都市詩中最佳的構想之一，機械化的詩句排列，因爲語彙的巧妙安插而獲得向無限擴展的張力，單純規律的音節和形式都不只限於詩的技術構造，而成爲詩質中不可分割的部分：

一排燈
　排好一排眼睛
一排杯子
　排好一排嘴
一排椅子
　排好一排肩膀
一排裙子
　排好一排腿
一排胸罩
　排好一排乳房

一排眼睛
排好一排月色
一排嘴
排好一排泉音
一排肩膀
排好一排斷橋
一排腿
排好一排急流
一排乳房
排好一排浪
夜
便動起來

「一排X／排好一排Y」的公式，整整重複了十次。第一組五個「一排X／排好一排Y」，採取寫實手法，「X」填入的依次是「燈」、「杯子」、「椅子」、「裙子」和「胸罩」，對應的「Y」則填入「眼睛」、「嘴」、「肩膀」、「腿」及「乳房」，在視覺的轉遞中，「一排裙子／排好一排腿」與「一排胸罩／排好一排乳房」似乎是倒錯了次序，若將次序易爲「燈」、「杯子」、「椅子」、「胸罩」、「裙子」，以及「眼睛」、「嘴」、「肩膀」、

『乳房』、『腿』，那麼恰好由高至低，完全符合一套有系統的分鐘流程，但是羅門於此刻意將『一排胸罩／排好一排乳房』一句調至最後必有其理由。一方面因爲『胸罩』與『乳房』在語意上的刺激度較『裙子』與『腿』爲高，置於段落之末有昂揚情緒的功能，另一方面也達到突顯『性』的效果；更重要的是，這兩句詩如同一把扣鎖，將兩段詩如同兩截車箱般扣聯一道。在第二組五個公式中，第一組裏的『Y』昇上『X』的位置，留下來的空格安排了一系列的風景：『月色』、『泉音』、『斷橋』、『急流』、『浪』，完成超現實風格的對比構圖。第一組詩句純粹是普普式的客觀呈現，這時的夜是寂靜的，咖啡廳是僵悶的雕塑陳列館；第二組詩句加入的風景意象，指涉著咖啡廳中人們的心理動向，集體意識的圖案式揭露，終於使得『夜／便動起來』。在這首詩中，我們可以看到羅門在結構中的靈巧調度，也嗅及「咖啡廳」的奧妙氛圍。

「咖啡情」寫都市人的苦悶，由盛滿咖啡的咖啡杯上空俯瞰，人所面對的是一個咖啡色的鏡頭：

那個咖啡色鏡頭
　　屢對準他
好像要拍些什麼
他卻向鏡頭的方向逃
　直喊自己是一張漏光的底片

心緒向『咖啡色鏡頭的方向逃』，肉體卻端坐在咖啡桌前，忍受著規律而缺乏變異的世界：

那多數是在下午
同一號碼的巴士
在窗外過了又過
同一個名字的他
在窗內坐了又坐

『同一號碼的巴士』、『同一名字的他』，一種單調、循環的僵局，硬生生地哽在人生的喉頭，『咖啡色的鏡頭』裏又拍攝到什麼樣的負片呢，即然『自己是一張漏光的底片』，『咖啡色鏡頭』也不過是一隻盲睛：

原來那個咖啡色鏡頭
只是一隻盲睛
除了燈色閃閃
眼色迷迷
姿色盈盈
夜色漾漾
都不看

『咖啡情』的主角顯然是一個失敗者，屈折在都市的魔障下，就是「摩卡的世界」也救贖不了他。「摩卡的世界」是『都市伸腰鬆腿的地方』：

叫一聲摩卡
每條街都回答
　　摩卡
摩卡躲在窗內
把窗外的世界
製作成無聲的
　　卡通
任千萬種煞車
　　在窗外
　　罵著街
千萬條腿
　　在街上
　　搶著路
再吵再亂
只要咖啡匙

輕輕一調
便都解了

都市也不免有可喜可愛之處，然而「摩卡的世界」再有趣，也只有詩人的胸襟，才能把一切的噪音和紛擾都調解在咖啡匙的攪動裏吧。

「麥當勞午餐時間」是羅門八五年的力作，在本詩的後記中，他沈痛地表示：

寫完此詩，覺得文明的確像是不回頭的前進的齒輪，冷酷無情；而文化則對生存的時空流溢著無限的感懷與鄉愁。……

「麥當勞午餐時間」共分三節，在三節中分別描寫出現在同一時空的三組中國人，其一是年輕的一代：

一群年輕人
帶著風
衝進來
被最亮的位置
拉過去
同整座城
坐在一起

窗內一盤餐飲
窗外一盤街景
手裏的刀叉
較來往的車
還快速地穿過
迷妳而帥勁的
　　中午

「麥當勞」是美式速食文化的尖兵，成長在都市中的年輕人，被「麥當勞」所吸引，猶如『被最亮的位置／拉過去』一般，他們的生命踩在現代的時尚，『同整座城／坐在一起』；他們吸收舶來文化的速度，較來往的車輛還要快速。第二節詩人的眼睛望向中年的一代：

三兩個中年人
坐在疲累裏
手裏的刀叉
慢慢張開成筷子的雙腳
　走回三十年前鎮上的小館
六隻眼睛望來
六隻大頭蒼蠅

在出神
整張桌面忽然暗成
一幅記憶
那瓶紅露酒
又不知酒言酒語
把中午說到
那裏去了

當一陣陣年輕人
來去的強風
從自動門裏
吹進吹出
你可聽見寒林裏
飄零的葉音

中年人的心境，已感受到新文化的苛性，『三十年前鎮上的小館』是一雙舒適的舊布鞋，而「麥當勞」連鎖店卻是一雙磨得腳跟起泡，甚至出血的新皮鞋。逝去的世代在現代的速食店裏浮出，那畢竟是一個無法挽回的「黃金時代」；看到了年輕人風馳電掣地進出自動門，在記憶中不可自拔的中年人，也聽見了『寒林裏／飄零的葉音』末節寫老年人的淒涼：

一個老年人
　坐在角落裏
　　穿著不太合身的
　　　成衣西裝
　吃完不太合胃的
　　　漢堡
　　怎麼想　也想不到
　漢朝的城堡那裏去
　玻璃大廈該不是
　那片發光的水田
　枯坐成一棵
　　室內裝潢的老松
　不說話還好
　一自言自語
　必又是同震耳的炮聲

在說話了
說著說著
眼前的晌午
已是眼裏的昏暮

老年人是眞正承傳文化的一代，他的生命甚至可以遠溯及『漢朝的城堡』，在精神的向度上，他仍然生存於古典的禮制與習俗，這個對老年人而言既『不太合身』也『不太合胃』的時代，他的存在竟萎縮成『一顆室內裝潢的老松』。成長在敬老的農業社會，卻在自己跟不上腳步的新紀元裏自言自語地凝望生命的『昏暮』，這無異是都市加諸老年人心靈的火刑。

「麥當勞午餐時間」一刀切開了都市人類的年輪構造，呈現在我們眼前的三處生命現象的斷層，這告示了我們，都市文明迫切需要一種「新人文精神」的輸注，來融化各種次文化的隔膜，而匯流出一貫通時空力場，具備完整血統的民族屬性，誠如羅門在這詩後記中所道：

……不能不呈示出「新的人文精神」；否則，存在於宇宙與永恆時空中的「人」，將任由機械文明去進行冷酷的切片。

至於「新人文精神」到底具備著什麼樣的特質，可自羅門的另一段論述窺其思想之端倪：

……當西方精神被海明威、卡繆、法蘭茲卡夫卡等人沈痛的聲音，喊入了困境，東方古老的中國，此刻確也被聲音驚動了，確也被工業的混亂社會，推入變動的存在面，這種被侵襲與被破壞的精神的痛楚，迫使中國現代詩人對於空漠與苦悶年代的體認，同時在未來的日子裏，在心靈的深處，也將更自然地懷念著一種屬於東方精神的安定感——也就是永遠忘不了去找回那屬於大自然的永恆與穩定的潛力——也就是去找回我們在現代物質文明的虛空世界裏、被放逐得逐漸困累的精神、所焦望的那張安靜的「靠椅」——它就是寧靜的東方，但不是以往的原封不動的古老的東方，……它是通過那被現代苦悶抑制下所引起的衝突、憤怒、反抗，與爆裂式的精神世界之後（這世界顯然是受西方精神影響的）而轉進入那新的穩定、潛凝、完整與富足的精神境界，它不僅是東方人往前生存的希望，同時更可協助耶穌去支持住那個在物質文明幻滅感中連續崩潰下來的西方精神。（「時空的回聲」第一百六十八至一百六十九頁）

「新人文精神」將回到『寧靜的東方』，這理想的實現，會使得歷史不僅僅美在傳說中，器物文明也會移開它鋼鐵的天幕，於此，詩人淑世的懷抱可見一斑。

五、被幾何造形吞噬的視野

在電腦的高解析度繪圖上，都市猶如無數體態各異的銀色積木所堆疊出來的造形集合，隨著時間的經過，新舊建築輪番更替，就長期觀點來看，都是變動的外貌，正是銀色積木集團操演的結果。羅門的都市主題系列詩作亦涉及都市造形的問題。以「都市·方形的存在」（一九八三）一詩爲例：

天空溺死在方形的市井裏

山水枯死在方形的鋁窗外
眼睛該怎麼辦呢

眼睛從車裏
方形的窗
看出去
立即被高樓一排排
方形的窗
看回來

眼睛從屋裏
方形的窗
看出去
立又被公寓一排排
方形的窗
看回來

眼睛看不出去
窗又一個個瞎在
　方形的牆上
便只好在餐桌上
　在麻將桌上
　找方形的窗
找來找去　最後
　全都從電視機
　方形的窗裏
　　逃走

在方形無所不在的都市裏，人類的眼睛已無所遁逃，電視與繪畫可以提供非方形的景觀，但是這些景觀還是牢牢鎖在方形的規範中，『看出去』、『看回來』，吞噬我們視覺的幾何造形又何止冷冷的方形而已，但是羅門的例舉已足令吾人怵目驚心了。

試圖突破都市造形與空間的約束，一直是都市人的共同理想，在「廿世紀生存空間的調整」（一九八三）一詩第二段，羅門提出了如許看法：

　往後的日子
只要高速公路

一直在通車
便有人帶著田園進城
有人駕著都市入鄉
泥土與地毯既已走進
同一雙鞋
風景與街景既已美入
同一雙眼睛
大家又天天擠在電視機上
彼此不認識
也會越來越面熟

「高速公路」的通車，使得田園和都市的聯結更爲密切，從另一個角度來看，這也使得陸地的一切領域皆畫入都市系統的版圖。『田園進城』、『都市進鄉』，二十世紀因爲交通與資訊的進一步發展，使得幾何造形重複單調的壓迫感得以減輕，都市的上班族也可利用短暫的假期趕赴郊區，一解對於自然的梈渴；在電視的普及下，居住鄉野的人們，和都市族類共同觀賞著螢光幕上的彩色顆粒組合，電視是文明的一扇窗口：

要笑開來　有開心果
要哭下去　有滴滴酸

要親　有蜜絲佛陀的彩色脣
要愛　有愛蓮那樣的芳心
要跳　讓迪斯可去跳
要飛　叫鳳飛飛去飛
要靈魂燦爛　把銀河星光都點亮

（摘自「電視機」，一九八〇）

居住鄉野的人們一樣能夠沈醉在光電的幻像中，他們的精神容態逐漸趨近都市的心靈，生存在兩種生命場中的人類，即使『彼此不認識／也會越來越面熟』。

羅門在「二十世紀生存空間的調整」中，透露了較爲樂觀的展望；不過這首詩中仍然埋伏著詭雷：實際上都市的天空線並沒有改變，銀色積木集團依舊以壓迫性的造形包圍著都市人類；新興的都市將在鄉野間一一抽芽，自然也在交通的發達下日益萎縮，「自然保護區」不過是大型的都市公園，『彼此不認識／也會越來越面熟』是一種兼具喜悅與悲涼的雙重立案吧。

六、惡夢的設計者

「新人文精神」的提出、「二十世紀生存空間調整」的起步，它們具體的成效，尙須通過種種變數的考驗，而放置在明日的行李寄存處；現實的都市仍然是文明必要的噩——人類惡夢的設計者。

「摩托車」是文明變異速度的有力象徵：

從二十世紀手中
　揮過來的一根皮鞭
　　狠狠的鞭在都市
　　　撤野的腿上
一條條鞭痕
　是田園死去的樹根
　　乾掉的河

（「摩托車」，一九八〇）

在緊張的生活節奏中，人類五官所觸及的都是人爲的不安、失調、動盪與破碎，心靈上的自然屬性被文明之鞭狠狠地抽打，這種惡夢反覆地盤踞在我們的睡眠裏。有關現代器物文明對於人類內在空間的斲傷而形成的夢魘，「都市之死」（一九六一）一詩的表現極爲生動。全詩計五節七十五行，布滿糾結的象徵與幻想，抽象主義畫派的知性與超現實主義畫派的感性，編織成一條粗大的纜線。羅門自道：

……我的「都市之死」這首長詩，在創作時除了注意藝術表現的如何完成外，同時更注意那種特殊精神在詩中活動的趨勢。顯然這首詩是觸及美學上的「質感」世界過後，所產生的一連串有核心的聯想之作；於透過抽象中的具體世界，追捕人類在「物質文明猛進但上帝已逐漸離去」的現代世界中相連失落的性靈，使整首詩看來，酷似一座現代人精神的浮雕。（「時空的回聲」第二百二十二頁）

「都市之死」也就是上帝之死：

在這裏　腳步是不載運靈魂的
在這裏　神父以聖經遮目睡去
凡是禁地都成爲市集

（第一節五至七行）

都市　掛在你頸間終日喧叫的十字街
那神是不信神的　那神較海還不安

（第一節十二至十三行）

當肺葉不再將聲息傳入聽診器
當所有的血管成了斷電的線路
天堂便暗成一個投影

神在仰視中垮下來

（第五節八至十一行）

而取代宗教和道德教示的是金錢與肉慾：

建築物的層次　托住人們的仰視
食物店的陳列　紋刻人們的胃壁
櫥窗閃著季節伶俐的眼色
人們用紙幣選購歲月的容貌

（第一節一至四行）

而腰下世界　總是自靜夜升起的一輪月
一光潔的象牙櫃臺
唯有幻滅能兌換希望

（第一節九至十一行）

『歲月的容貌』用『紙幣選購』，已暴靈拜金主義的橫行；『而腰下世界……』以下三句形容情慾，『月』與『象牙櫃臺』的意象透明而肯綮，失落愛情的肉慾，只有用一次接著一次的挫折與『幻滅』來『兌換希望』。人類本爲『聯配的生物』，都市的性混亂，使得慾望之火導向徹底的空虛與孤獨。同樣的，自我的存在也成爲擺動中的幻影：

搖晃的影子是抓不住天空的雲
急著將鏡擊碎　也取不出對象
都市　在你左右不定的擺動裏
　　所有的拉環都是斷的
　　　所有的手都垂成風中的斷枝
有一種聲音總是在破玻璃的裂縫裏逃亡
人們慌忙用影子播種　在天花板上收回自己
去追春天　花季已過
去觀潮水　風浪俱急
生命是去年的雪　婦人鏡盒裏的落英
死亡站在老太陽的座車上

（第三節二至十二行）

『所有的拉環都是斷的／所有的手都垂成風中的斷枝』，都市的網狀組織，不但在本身建立起四通八達的網路，也和世界上其他的都市串連成龐大聯盟，但是都市人類在文明的切片下，心靈與環境之間的拉環都是斷的，成爲一艘失去動力的船舶，飄移在黑色的洋面。羅門終於宣告了擬人化都市的死亡：

　　都市　在終站的鐘鳴之前

你所有急轉的輪軸折斷　脱出車軌
死亡也不會發出驚呼　出示燈號
你是等於死的張目的死

（第五節一至四行）

都市　在復活節一切死得更快
而你卻是剛從花轎裏步出的新娘
　是掛燈籠的初步　菓露釀造的蜜月
一隻裸獸　在最空無的原始
一扇屏風　遮住墳的陰影
一具雕花的棺　裝滿了走動的死亡

（第五節十二至十七行）

文明頂峰的都市，它的死亡內在於人性『最空無的原始』，『一具雕花的棺／裝滿了走動的死亡』，令人戰慄的黑色情境，彷彿是一場無終始的夢魘，覆蓋在我們都市蔚藍的天空上。「都市之死」的完成，是羅門都市主題眞正的發軔，雖然這首詩竣稿的日期較「都市的人」晚了四年。他思路裏對於都市的剖視，以及語言的運作掌握，都在「都市之死」中邁入成熟境界，有關於本文㈡至㈤所討論的幾個母題，也都在本詩顯露了端倪。「都市之死」可視爲羅門都市主題的一個「序曲」，或者「總論」，是現代詩史中一個重要的里程碑。至於一九七二年寫就的「都市的落幕式」，性質上和「都市之死」相類，同樣對都市做擬人化的描寫，並揭櫫其衰敗的面貌，可算是「都市之死」的補篇。

七、結論：都市詩學的確立

詩在現代人類生命中所呈示的力量是受到羅門肯定的，他認爲：

它是在上帝仁慈的眼睛中工作的，將一切向完美與永恆的眞理推進；並且在人類「衣、吃、住、行」打好的肉體基礎上，建造起精神與心靈豪華的大廈與宮殿，徹底解決人類（尤其是處在目前世界中的人類）內心與精神世界的貧窮。它的此項偉大不凡的奉獻，是自由平等全面地開放給全世界所有活著的人。它在人的肉體被「玻璃大廈」與「價值六十萬的馬桶」包裝的同時，它更給與人的內在生命，以最華貴的包裝。它將人類卓越的智慧、思想與情感交溶轉化成爲生命卓越不朽的光輝，它不但是促進文化成長，提高人類生命品質的最佳與最主要的動力；而且更被視爲人類精神創作世界的金字塔，時空的核心，神與上帝的耳目，宇宙萬物生命存在最美的回音。如果沒有它，世界雖不致瘂盲，也將失去最美的聽見與看見。（錄自「詩眼看人的存在」，「藍星」詩刊第五號，一九八五年十月出版）

在這個都市化的紀元裏，以文明題材爲經、以都市精神爲緯的都市詩，將是最能夠穿刺文明造形與現代人心靈空間的利器，因爲，都市系統確實無所不在地掌握住人的動向，影響著我們生命的流程。都市詩是詩中之詩，塔上之塔，面對著在文明塔尖起造精神之塔的羅門，我們可以理會，都市詩學的確立已是一樁不可動撼的事實。

（本文發表在七十五年元月「藍星」季刊第六期）

■林燿德：詩人、評論家、設計家，並從事小說，散文與戲劇等創作，現任青協秘書長。

城市詩國的發言人

陳　煌

除了關心自然環境生態之外，我還是最關心城市。因爲，我是城市中的一分子，無論我如何的有意脫離背叛，竟然都無能爲力——事實上，我還眞的有些非它不可，可以說是既愛且恨，悲喜交加，我可以完全拋開它嗎？不行，祇因無時無刻無所無在皆出現了城市龐大的影子！有時，我覺得我們都在城市龐大的影子下活著，「人在江湖」般地被冥冥控制著，這像不像一具具被絲懸的木偶，身不由己？

可以說，我早已陷入城市的「陷阱」中了，就算能安然脫困而全然超越到世外，顯然也身心俱疲，且遍體鱗傷了，何況我又那能有此超能力？

我不能，誰也不能。

詩人羅門當然也不能。

在詩人中，尤其是前輩詩人中，最執著於詩國裏努力播種的已寥寥可數，而羅門則是其一。因此，我每次見到羅門，或讀到羅門的詩，都宛若感覺羅門四射的光熱，很熾烈、很澎湃，又有點令人目不暇給的眩亮，高高地。羅門對城市的觀照，竟有發言人的氣勢。

在一九五七年，當許多詩人觀察的視野還傾向題材的小規模接觸時，羅門的眼光已投視到「城裏的人」。難道說，當時的羅門已意識到城市的走向，會如他所遠視的，將有所改變嗎？一九五七年，在臺灣的社會，正處於由農業逐漸走向工業化的腳步，雖然已能略略感覺到社會在變化，卻又有誰能預料到這種改變是詩人羅門已掌握先機的？難道又說，羅門在當時也已感受到城市裏的人們有了那種蠢蠢欲動的「野心」？或者是，羅門自身也有了這方面的壓力的無助。

他們的腦部是近代最繁華的車站，
有許多行車路線通入地獄與天堂，
那閃動的眼睛是車燈，
隨時照見惡魔與天使的臉。
他們擠在城裏，
如擠在一隻開往珍珠港去的船上，
慾望是未納稅的私貨，良心是嚴正的關員。

——一九五七·「城市的人」

在這首短詩中，羅門所運用的意象並不繁複，甚至以今日的眼光來看，還似乎有點不高明。但是，要注意的是，這首「城市的人」卻是一九五七年的作品，在當時卻很可能是一首好詩。因此，以今日的眼光來苛求往日這首詩，從那方面來看，都是不公平的。

我則以另一個角度和心情來讀，其所感受的震動卻相當深刻，這就是以一個身爲城市人的感懷來審視，即使是處於現代，也必然訝異於羅門深遠的心思，竟是如此敏銳！在「如擠在一隻開往珍珠港去的船上」詩句中，「珍珠港」並非眞正的珍珠港，而是城市裏令人失去自主的「物質」，這種「物質」自然非「精神」，所以城裏的人「慾望是未納稅的私貨」！人們在營營追求物質享受之時，自然要超越所謂「珍珠」了，這是一種暗示的諷刺作用，也是羅門往後對所謂「城市」的病態現象一針見血的認識，是一語雙關的，有令人激賞的地方。我想，這種表現的手法，是羅門所慣用的，也比其他詩人更高明。

在當時羅門的詩能處理得如此流暢，這點即如同年齡的現代年輕詩人也未必具有這般功力。

羅門對城市的冥暗心態看得透，觀察入微，說他是城市詩國的發言人並不爲過。

二

在一九六一年，羅門關於城市的詩，又寫下了「都市之死」長詩。這首長達百餘行的「都市之死」，在我覺得是羅門的力作之一！

從一九五七到一九六一的短短四五年間，對城市文明及城市心態的觀察，羅門冷靜得叫人一頭不得不隨他闖入城市的死亡國度裏，做一種驚心動魄的旅行。

在這期間，羅門更深入地了解城市的變化，以及更大膽地剖解城市，做最透視的批判，這點，似乎截至今日爲止，好像還沒出現對城市了解而加以剖解的同一類型的詩，與之抗衡！

我讀的時候，都感受到急促的喘氣，那種針對城市文明的意象一幕幕赤裸地逼至眼前。眞的，我也眞的能感受到羅門所感受到的。我在想，羅門爲何能如此眞確地走入城市的陰影裏，而鉅細靡遺地看它，看它變化？爲什麼羅門肯如此嚴厲的批判它？難道「人們用紙幣選購歲月的容貌／在這裏腳步是不載運靈魂的／在這裏神父以聖經遮目睡去／凡是禁地都成爲市集」？

羅門是具有社會正義感的詩人，仗義執言，城市——在他的筆下無所遁影。他對人的慾念，居然如此描述「伊甸園是從不設門的／在尼龍墊上、榻榻米上／文明是那條脫下的花腰帶／美麗的獸便野成裸開的荒野／到了明天再回到衣服裏去」！

詩中的想像力這般豐富而串連不止，冷冷的語言，已先一步令人讀來驚嘆，城市詭譎的一面已被掀開了一半，而後羅門又一步一步地將它立體化、鮮活化，而造成了極影像的層次，一遍又一遍逼得人喘不過氣來。

論對城市的了解，羅門的詩做了最佳的詮釋與說明。

讀羅門的詩，若不能緊隨著他的奇妙運用意象的手法跟進的話，是不易探知主題表現的焦點的——雖然，羅門此類的詩多半採用了多變的意象組織而架構起來的，卻也相當能讓認眞想要了解羅門作品的讀者，不致空入寶山而歸。何況，像「城市之死」這首長詩是針對居住在城市的人們和環境所引發的，它存在每個人生活的空間，那麼近，是多數人粗心而未發覺，但它畢竟存在，而且很貼近每個人的身邊眼前。

城市，眞的會死嗎？不會，至少腳步是運動的，具有推演的無形的力量。可是，從某一個角度來看，人們是居住城市中的一群，兩者息息相關，若是人們光浮沈在城市裏，那麼城市也算是「死」了。能看清這點的，並不容易，羅門卻給我們很好的暗示。

三

到了一九七二的「都市的落幕式」一詩，羅門依舊不忘積極地關注城市的一切。

羅門很顯然地認爲「都市你一身都是病」！這種病不僅僅是單純的「腦出血胃出血」或是「氣喘在克勞酸裏」，而是已到了羅門他引以爲憂，「誰也不知道你坐上垃圾車往那裏去」的悲哀境地。

詩人他生活在城市裏，城市供給他享受，可是城市的意義祇是如此嗎？或者說，詩人祇能因此而苟且活著，對任何環境下的城市唯唯諾諾嗎？羅門是不願意，他勇敢地說：

都市你一身都是病
氣喘在克勞酸裏
癱瘓在電療院裏

於癲狂症發作的週末
只有床忍受得了你

可笑的是，城市並沒永遠將幕拉起來，在它的「落幕式」中更暴露了它的衰弱，就算「照著觀光客最後的那段路／天亮時另一隻鳥便來接管／希爾頓窗外的天空」卻也「誰也不知道你坐上垃圾車往那裏去」。

這一去，羅門認爲是可憐的，是那麼也令自己感嘆。

羅門一直長居在城市中，看著城市在長大、在改變，他內心一定時常交織著一股悲痛與希望的情緒。然而，這又那是很單純的一個從事藝術創作的詩人所能扭轉乾坤的？既然不可能，一吐心中感觸，是可想見。

羅門的詩十分現代化，對理想投入很深，表現的型式也就別具一格，堅實可喜。這點羅門一向掌握得很好，很準確，就像打靶，在發射之前，姿勢和動作，心理的準備很夠很確實，因此常常八九不離十，焦點集中，有抽象的意味，而捏得十分恰好。

轉折再三，依然可以有跡可尋，這是一個詩人獨到之處，也是羅門詩中認眞負責的地方。

我也在想，讀羅門的詩，是否該具備成熟的心智與思想，始能與他的詩連成一氣，而不致失去焦距？記得，以前年輕時對羅門的詩抱著懷疑的態度，無法輕易的進入他的世界裏，現在卻讀來相當愉快，並不感到太大的困難——難道說，是因我自己也感受到城市的壓力與身受它某種困境而有所共契不成？

其實，在「羅門詩選」一書中，像「車禍」，「流浪」、「都市·方形的存在」、「二十世紀生存空間的調整」、「垃圾車與老李」……等等作品，皆與城市有關，所佔的份量頗重，在羅門的所有詩作，可能是最重要的。以「羅門詩選」一書所挑選出來的作品裏，羅門自己可能也最關心注意它。要研究羅門詩作的人，豈能忽視之？

四

在接下來的一九七六年，羅門的一首「都市的旋律」卻以另一種輕快的面貌出現，可算是異數。

羅門在此詩末的「註」中說明：「這首詩是爲配合作曲家李秦祥所製作的現代敲打樂而作。著重於都市生活的節奏與律動感；從都市的動面與現象，直接捕捉都市的實體。」顯然的，羅門爲此而給自己做了一次不錯的考驗和改變，從宛若刺激的語言中，轉型到另一種較爲輕鬆的調律，算是感覺很不錯的。

自然，羅門基本上仍是關懷城市的，但他卻一慣以諷刺性的表現來襯托城市的現象，祇是語言的律動更緊湊，大有跳躍的激動。若是說別人的詩，是一幅幅的畫；則羅門的詩，更是一具具浮雕。

依照羅門的說法：人基本上是嚮往自然的，祇是城市的困境過於龐巨了，人相形之下就逐漸被淹沒了。

因此，我們可以體會到羅門為何在城市詩中，特別將許多意象「自然」化的企圖，請看：

短裙飛來隻隻鳥
長裙飄來朵朵雲
腰不扭動　河會死
胸不挺高　山會崩
眉不畫濃　月會暗
唇不塗紅　花會謝
一滴香水　一池春
一個眼波　滿海浪

——一九七六·都市的旋律

羅門充分地自大自然取材到「鳥」、「雲」、「河」、「山」、「月」、「花」、「池」、「海」等等，這顯示了羅門是嚮往大自然的。而這也是人們在碌碌的城市裏，心之所嚮往？然而，人們是很難完全投入大自然的懷抱了，城市如影隨形的結果，則是：

長髮長街一起蕩
流流流
流行歌排水溝一起流
追追追

機車公車火車一起追
咔擦咔擦　跑來藍哥兒
唏哩嘩啦　奔來牛仔裝
敲敲打打　衝出四聲道
要聽　耳與喇叭一起叫
要看　目與櫥窗一起亮
要知道下午　去問咖啡
要認識夜　去問酒
要了解床　去聽電子琴
要抱得緊　去找黛恩芬
要通過拉開　去拉ＹＫＫ
要什麼也記不起　把鈔票丟下

如此的表現方法，也可想見城市的光怪離奇了！人們如何不迷失呢？羅門對城市生活官能反應的銳利，與特殊的視覺經驗，所表現的意象語言，是由外界反應到精神和思想的。

通常，寫詩若是多番運用排句的型式，多半呈現得比較呆析，會限制了詩人意象的發揮。可是，羅門運用排句的型式表現的結果，又有怎樣的效果呢？我並不認爲運用排句能儘情地讓詩人發揮他思想，反而因此會受到阻礙牽制，即使如羅門這樣詩人會處理得好，也恐怕不是好現象。所以，羅門是否在往後更能以更新的面貌，表達出更新的境界，也許是可考慮、可期待的，這的確是有關「一個現代詩人能不斷注意與探索詩語言新的性能與其活動新的空間環境」，所當尋求突破自我囿限的觀念。

五

一九八三年，羅門又寫下一首「都市·方形的存在」。這首詩又承襲了羅門自己慣常表現的技巧，然而更圓熟、更趨向於思考性。

在談這首「都市·方形的存在」之前，也先請看全詩：

天空溺死在方形的市井裏
山水枯死在方形的鋁窗外
眼睛該怎麼辦呢
眼睛從車裏
方形的窗
看出去
立即被高樓一排排
方形的窗
看回來

眼睛從屋裏
方形的窗
看出去
立又被公寓一排排
方形的窗
看回來

眼睛看不出去
窗又一個個瞎在
方形的牆上
便只好在餐桌上
在麻將桌上
找方形的窗
找來找去，最後
全都從電視機
方形的窗裏
逃走

都市，在羅門的眼中是一個困境般的「方形的存在」！現代的城市擁擠，空氣污染，高樓大廈四處林立，而無形中造成了一個「方形」的特有環境，它人情稀薄，利害相見，也摧殘了人們原本善良厚道的本性，造成某種程度的傷害。因此，無處不形成「方形」的框框。

這框框的「方形」才是致使人們迷失的陷阱！於是「天空」也祇好「溺死在方形的市井裏」，而「山水」更是「死在方形的鋁窗外」！人們雖然在鋁窗外植遍綠意盎然的盆栽，有土有花，但是那卻不是眞正「山水」的一部分，人們聊以自慰自滿而已。

當人們的「眼睛從車裏／方形的窗／看出去」其反射回來，不就是眞正也「立即被高樓一排排／方形的窗／看回來」。人心不古。利害的人際關係一旦形成對立的氛圍，人們祇好一樣被以相等的眼光對待。暗示所及，「方形的窗」也看人們了。

但是，窗爲何又「一個個瞎在／方形的牆上」呢？

這裏的「瞎」不但反射了人們眼睛及精神的「瞎」，也另一方面在反映都市的缺點。從外界的詠物上，又提升到人類內心的掙扎與無奈的轉化，點出了這首詩的動感意象，詩的藝術成分又增添一分，羅門的詩，在具備可觀的感性上，已進入了理性的觀視，而且使詩立體化，這原本是羅門極力推展自己的作品向空間突出表現的本意。

而「餐桌」也不幸是「方形」的，「麻將桌」也是，「電視機」也是，我敢說人心也仿若「方形」的，以「方形」的角去觸動別人，自己也陷入框框的「方形的存在」中，失措的。都市人的孤寂感，終於流露出來，而繁複的心象活動也透過譬喻，做了最精確的投射。

與一九五四到一九五七的浪漫時期比較，「都市．方形的存在」一詩傳達了更尖銳更深刻的營造功力。羅門在「羅門詩選」此書的代序中說：

「我甚至相信強有力的意象語，是精神與思想的原子能，能在人類心靈中，產生無比的震撼力。」

以此爲努力的目標，羅門越行在這條路上，疾走如飛，而終有自己特有的氣勢與形態。這點，有目共睹，在詩作上更實驗也具有緊湊的素質。

羅門的確是頗爲認眞的詩人，於是詩作不斷，質也可觀，在他的創作世界裏進出自由，遨然濶步。

六

我再三地讀「羅門詩選」中關於城市的詩，更確信了自己的看法，城市與羅門共同存在，而羅門卻有正義之俠的作風，對城市嚴厲地提出批判，在城市中以詩作爲力量，向城市揮出足以令城市的人們反省的機會。

然而，城市的遺憾將如此留存下去？詩人不禁嘆息，人們是否能重視詩人在他詩作中所表現出來令人警示的意義？我實不敢想像。

可是，詩人還是那麼執著，有責任，比起汲汲於城市追索現實，卻可愛得太多了。我讀羅門的詩，眞好，除了也藉洩發我的觀點和情緒外，我願將「羅門詩選」推薦給別人。

臺灣時報一九八四年十二月二日

■陳　煌：（本名陳輝煌）詩人，曾獲中國時報詩獎，並從事散文、小說與評論寫作，雜誌主編。

羅門「都市之死」

張 默

像岩美第支（K. Armitege 英雕刻家）聳立青空有著半沉思的「生命之探究」。像莫拉維亞（A. Moravia）所擁有生命的「悲劇的峯頂」，像尼采（Mietzsche）透過嚴肅無情的考驗而終必是「勝利者」，像弗洛斯特（R. Frost）的「靈魂的鋼索」纏繞著他那複雜的心闈。……這一連串的比擬（也許並不恰當），祇是表現我在努力勾劃羅門時的一點影像的紀錄而已。

「都市之死」——充分洩示出現代人深厚的悲劇感，空漠感與幻滅感以及嚮往那不斷的「超升」。（注意「超升」二字）在那一連串詩人極其尖銳的潛意識的波濤中，他敲著世紀陰鬱的府門，一些廉價的死亡，一些酒液的夢寐，一些裸露的獸群，一些掙扎的手臂，以及斷了的拉鏈，饑餓的頭顱，搖滾樂，絞架，彈簧門，斑爛的山谷等等，古代與現代爭吵，悲劇與喜劇擁吻，眞實與虛無交媾，一句話，它是現實被擠在人類裏的「靈魂的雕像」。該詩從「斑爛的山谷」開始，到「裝滿了走動的死亡」爲止，計六節，凡一百一十一行，（見作者「第九日的底流」詩集）我無法一一錄下，而改以重點評釋，這是不得不說明的。

現代是由古代延續下來的，所以一開始他就指出——

斑爛的山谷

氣笛的谷鳥不斷向他的主人瓦特歡呼

廿世紀超速得快要違警了（按這段詩原是作爲序曲的前幾句，後來出選集時將序曲刪去）

古代的光榮，在廿世紀閃光的速度下被輾碎了，這說明了隨文明而帶來的無情的殘酷，不錯「雕花的石壁」雖然有人流連，可是那能如「觀看錢幣流動的輪影」來得過癮，現代人的夢，即使是眞正的迷夢，我們也不得不從它的幾何型建築蔭影的夾縫中穿過，而嚐嚐它的鹹濕的味道。

都市是文明的心臟，我們不妨看看這文明的心臟，究竟出產些什麼，在第二節中，作者有最伶俐的陳述，我可以任意抽出幾句：「建築物的層次，托住人們的仰視」，「食物店的陳列，波紋人們的胃壁」，「凡是眼睛都成爲藍空裏的鷹目」，「神抓不到話筒」，「都市，你織的網密得使呼吸靜止」，「誰也不知道太陽那一天會死去，人們伏在重疊的底片上，再也叫不出自己」……就憑這語句本身，羅門已是一個十足的創造者了。他把一已最尖銳的思維貫穿都市的心臟，而後輕悄地帶出上述這些富有極大暗示力的語句，「托住人們的仰視，波紋人們的胃壁，神抓不到話筒」……讀者不難想像這個世界是多麼擁擠，多麼忙碌與多麼庸俗不堪，但是作者在表現它時是幽默多於譏諷，暗示多於複述，動力多於姿勢，瞧，「神抓不到話筒」之句，既顯示出速度的巨大壓力，又顯示出作者在表現速度時還不忘記捕捉那種高尚趣味的悠閑神態。

人們不能老是把全付精神交給速度，交給踐踏不完的忙碌，交給蛆蟲蠶食的時間，因此他在第三節中，一開頭就指出插著十字架的教堂，好像那才是減輕人類精神負擔的避難所，當我們迷亂，當我們一無憑倚，自會不自覺地走向「心靈之屋」，走向神父那裏去。但是那祇是暫短的休止符，你勢必還要回到現實裏來，所以一當你抖落眼眶上的十字架，一觸及現實的邊陲，你的人的原型又顯現無遺。

但步回街上　仍用眼去想造物藏在女人身上的秘密
　　仍去指認銀行窗口蹲著七個太陽

人是最原始的，也是最獸性的，所以海明威是非常討厭「神聖，光榮，犧牲」……這一類所謂偉大與不朽的空洞的字眼，我們身體隱藏在人性背後原始的黑暗與無道德感，自會同意海明威的這番話。

接下去作者更有令人顫慄的語句——

伊甸園設在較彈簧門還靈敏的日期裏　一碰就開
在尼龍墊上　在榻榻米上　文明如一條脫下的花腰帶
……………
而腰下世界　是一光潔的象牙櫃臺
　　唯有幻滅能兌換希望
教堂的尖頂　注射不入酒巴與咖啡室的黑色血管

十字架便也用來閃爍瑪麗半露的胸脯

這世界是不難垂察，道德的唾棄，文明的陷落……「而腰下世界，是一光潔的象牙櫃臺」，它們表面看似是那麼明潔，可是實質上卻把現實譏諷得淋漓盡致，作者常常有意是如此的，一種必要的過程，一種含有高度趣味的穿插，在一篇較長的詩中，當情緒無限激湧時，惟恐熱情用力過猛，就這樣來它一下，是很有效用的。

自第四節開始，作者怕亂了一貫的「專神」（Concentration），竭力壓制著自己的腳步，但大體上還是朝一個基調發展下去的，不過在觀察事物背後的世界，顯得更爲犀利，它預示人們在現實世界過度放縱與迷亂之餘的一種頹廢感，混沌感以及一種毀滅的影子時時刻刻伺機在興風作浪。譬如——

生命是去年的雪　婦人鏡盒裏的落英
死亡站在老太陽的座車上
向響或不響的事物默呼
向醒或不醒的世界低喊
…………
刑期看來比打鼾在墊被上的睡眠還溫和

這些意象看似溫和平靜，實際上卻是最能令人靈魂躍動與舒伸的。他咒咀都市，可是他是含蓄的，富於魅力的。在第五節中，他有這樣的句子：「都市　你是不生容貌的粗陋的腸胃，消化著神的筋骨」，「你榮耀的冠冕，陷落在清道夫的黎明」，大家不妨仔細聽聽，聽聽這句所發出的聲音是什麼——是憤怒還是戲謔，這一節在表現上較前更爲沉重，更爲衝逼，如「日子急急毀於暴怒的獸聲，毀於機械的醒來」以及「掙扎的手臂是一串呼叫的鑰匙，喊著門，喊著打不開的死鎖」。那種被逼擠，那種被壓抑，那種被不得不燃燒的心火，而最後一聲「喊著打不開的死鎖」。好似令人恍然大悟又似一無所知，原來世界就是這麼回事。

在最後一節中，作者的情緒雖然略略下降，可是那具戲劇氣氛，「都市之死」。其實都市是不死的，只有人類不息的精神的火炬才能挽救它，必得要挽救它。

都市在終站的鐘鳴之前
你所有急轉的輪軸折斷　脫出車軌
死亡也不會發出驚呼　出示燈號
你是等於死的張目的死

「等於死的張目的死」，是何等的悲壯，是何等的不屈辱，爲要看看現代的文明，爲要看看更多的未知，他把「自己」藏在一具「雕花的棺」裏，以及藏在「裝滿了走動的死亡」的蔭影裏。它，就這麼悠悠地結束了，似給我們留下很多很多，但又似乎沒有——那份悲劇感、空漠感、幻滅感以及不斷又不斷的「超昇」。

本文撰錄自商務印書館一九六七年出版的「現代詩的投影」論文集中，張默寫的「羅門及都市之死」一文

■張　默：詩人、兼寫詩評、創世紀詩社發起人。

論羅門的城市詩

王一桃

作爲現代詩人，羅門是和社會同步的。自從一九九四年他以第一首詩《加力布露斯》被紀弦用紅字刊登於《現代詩》季刊步上詩壇以來，他就一直透過社會、自然和時代，「追蹤著人的生命」。而他的《語路》，也一直與他的「心路」並行——用他的話說：「我的語言是我的生命通過『現代』的時空位置，對人存在於『都市』與『大自然』兩大生存空間所遭遇到的『生死』、『戰爭』、『自我』、『性』與『永恆』等重大生命主題予以沈思默想，所發出一己的獨特的聲音；同時也更企求這聲音，必須與人類原本的生命相呼應。」①

從他一九八四年七月出版的《羅門詩選》（其中包括《曙光》、《第九日的底流》、《死亡之塔》、《隱形的椅子》、《曠野》、《日月的行蹤》等時期之作）以及此後他所發表的詩作來看，城市詩似乎佔了很大的份量。兩岸的詩評家在評論他的詩作時都不約而同地指出他在城市詩創作的成就和他對詩壇的貢獻。大陸詩評家古繼堂在其《臺灣新詩發展史》中說：「羅門寫的大量優秀的城市詩奠定了他的臺灣城市詩人的基礎，爲他贏來了城市詩人的桂冠，也使臺灣有了專門描寫城市的『城市詩』這一品種的出現。」②而差不多與此同時，臺灣詩人兼詩評家張默在《中華現代文學大系·詩卷一》也提到：「以都市文明爲詩的素材，羅門自六十年代初期即開始嘗試，他的《都市之死》，寫於一九六一年」並說「以後年輕一代陸續跟進」，「儼然爲城市詩開闢另一片廣闊的天空」。③特別値得一提的是臺灣著名詩人兼學者余光中，在談及臺灣進入八十年代，「面對工業文明而且身處現代的大都市」，「我們的城市文學也應該產生自己的代言人」時，就很自然想到早在二十年前致力於城市詩開拓的羅門，並說「未來如有城市詩派，羅門該是一位先驅」。④還有臺灣詩評家張漢良曾於一九七九年《中外文學》第八十四期專門評論羅門的城市詩，⑤認爲從他寫的「反映現代社會現象的城市詩」來看，完全可以說明他「是最具有代表性的詩人」。⑥

羅門的城市詩，和他其他許多詩作，先後進入一九七二年臺灣巨人出版社出版的《中國現代文學大系》、一九八〇年臺灣天視出版事業有限公司印行的《當代中國新文學大系》和一九八九年臺灣九歌出版社出版的《中華現代文學大系》中。此外，臺灣書評書目出版社一九六七年出版的《中國現代文學選集》和臺灣源成文化圖書供應社一九七九年出版的《中國當代十大詩人選集》都收入他的代表作，臺灣還有幾家出版社出版的年度詩選也每年選了他的傑作。

一、都市你造起來的快要高過上帝的天國了

羅門成爲臺灣「城市詩國發言人」⑦並不是偶然的。在西方，十九世紀工業社會的發展比十八世紀的農業社會快速得多，尤其進入二十世紀之後變化更是一日千里，反映在文學藝

術上，現代主義、存在主義、結構主義剛方興未艾，解構主義以及各種多文化、多中心、無主流派別的文學思潮逐漸而來，「後現代主義」這一名目隨之而起。而在臺灣由一九四六年到一九八六年四十年間，就經歷了由農業社會過渡到工業社會，接著又由工業社會過渡到後工業社會，加上這三個階段變化過於快速，反映到文學創作上，就形成各種不同的流派，各種不同的傾向。這種狀況，正如羅青所說的「有些人選擇了農業社會，偏重於回顧過去，對工業社會的發展，無法接受。有些人正面擁抱工業社會，對所謂的『進步』抱著樂觀的態度。有些人站在工業社會的立場，以懷舊浪漫的心情，處理農業社會或環境保護之類的材料，以表達他對工業社會的憂慮與不安。有些人面對工業社會的問題，展望資訊社會的來到。有些人則對農業、工業、資訊社會做綜合的反映與處理。更有些人，一馬當先，闖入了資訊社會尚未開放的領域」⑧而在這紛紜複雜的社會轉型階段之中，羅門以他詩人的敏感、預言家的眼光透過正在萌芽或即將出現的都市文明感到「現代人在工業文明中的西方式的孤絕與失落」，寫出了《城裡的人》（一九五七）、《都市之死》（一九六一）、《都市的落幕式》（一九七二）等具有開拓性、現實性、多元性、立體性的臺灣城市詩。余光中在回顧這段文學史時就作了這樣的論斷：尤其是羅門，本質上原就是不由自主的城裡人，雖然一直在批評現代的大城市，卻一天也離不了臺北。他那些『住在城裡反城裡』的批判兼玄想之作，二十年前未免早熟，今日寫來，對於新臺北忽然切起題來了。」余光中還以羅門的《車禍》爲例，說明他是「以超現實手法來寫城市的浪漫詩人」⑨

早期的羅門確是一位浪漫詩人，一九六七年他寫的《紐約（NEW YORK）旅美詩抄之二》本身就是一首充滿浪漫氣息和超現實色彩的城市詩。詩人置身於當時全世界最高的帝國大廈看臺上，舉目四望，浮想聯翩，其比喻和誇張令人嘆爲觀止，其意象和語言使人擊節讚賞，其聯想和象徵更叫人眼花撩亂，試看「N.Y.，你就這樣在馬蒂斯的復目裡／塑成那座大自然的浮雕／被赫德遜河上的渡輪拖成一首進行曲／太陽在狂笑中／用左手將歲月擊碎在時間方場上／用右手放出一陣風／將格林威治村嬉皮們的亂髮／吹成原始的叢林」。⑩

蕭蕭在其《現代詩學》的《現代詩裡的城鄉衝突》中對羅門的臺灣城市詩作了比較全面的論述，他指出：「詩人群中，或許要以羅門與城市的感情最爲密切」、「在早期的城市詩中，羅門的觀念裡，都市是地獄與天堂、惡魔與天使、慾望與良心聚合的地方」，⑪因之，他筆下的都市也是一分爲二、瑕瑜互見的。像「慾望是未納稅的私貨／良心是嚴正的關員」⑫就是一例，綜觀羅門的臺灣城市詩，可以看到現代城市的本質特徵及其內部不可調和的矛盾：一方面，是工業文明社會的高科技、新資訊、大生產，一方面，是人們受到的壓力大，精神受到的摧殘大，自然受到的破壞大；一方面，是人類社會走向進步和繁榮，是歷史發展的必然規律，一方面則給人們帶來了許多負面的東西，有的甚至無法避免。也就是說現代城市既有光明、美好、可愛的一面，又有其陰暗、醜惡、可憎的一面。由於高科技，「都市你造起來的／快要高過上帝的天國了」，那「建築物的層次／托住人們的仰視」⑬，而且「高樓大廈圍攏來／迫天空躲成天花板」⑭。以紐約爲例：「摩天樓已經圍成深淵／電梯已磨成峭壁／地下車已奔成急流／銀河已流成鑽石街」⑮。由於新資訊層出不窮，使工業社會進一步往後工業社會過渡，同時也使人們應接不暇疲於奔命：「在來不及看的變動裡看，在來不及想的回旋裡想，在來不及死的時刻裡死」！由於大生產的緣故，使社會物質巨大豐富，人們生活得到滿足，溫飽全無問題：「食物店的陳列，紋刻人們的胃壁／櫥窗閃著季節伶俐的眼色／人們用紙巾選購歲月的容貌」⑯尤其是銀行，更是「人見人愛迷死人的妖婦／生出一個油頭粉面／吃喝玩樂的都市／就夠瞧了。」⑰儘管如此，人們所承受的生活壓力和精神壓力還是相當大的，詩人把都市比作「一張吸墨最快的棉紙」，「人們寫來寫去／一直是生存兩個字」，那些趕上班的行人、公車、摩托車「只為寫生存這兩個字／在時鐘的硯盤裡／幾乎心血滴盡」。⑱詩人又把城市看成「方形的存在」，「天空溺死在方形的市井裡／山水枯死在方形的鋁窗外」，而人眼則困死在城市內一個個、一排排的方形物體之中。⑲不僅如此，人們生活在城市中，「頭被髮型與銅像／抓住不放／身體被時裝與制服／抱住不放／手被抓去　舉起設計好的表決／嘴被抓去　高呼調製好的口號／臉被抓去　複印規劃好的封面／心被抓去　在指定好的節奏裡跳動」到了最後，「人便活生生依計算機量好的尺寸／入框／活成框裡的那張照片」。⑳而更使人難以忍受的是精神上的空虛：「開過市中心／看不見文化中心／繞過圓環／看不見博物館的圓頂／穿過博愛路／看不見愛神」結果只有想入非非，尋求官能刺激了。㉑

現代科技文明和經濟高度使田園景觀和自然生態幾乎蕩然無存，人類生存的環境受到嚴重的破壞，羅門所說的「第一自然」完全被「第二自然」所取代，這種情形在《曠野》一詩中表現得尤爲充分：「當第一根樁打下來／世界便順著你的裂痕／在紊亂的方向裡逃」，於是風、雨、河、湖、山峰、樹林、峭壁、煙雲、花鳥乃至四季的風景沒有一樣不受波及，不受破壞。等到城市把原野擠走，「洋灰道上　不見羊／馬路上　不見馬／摩托車急成一根快鞭／鞭著衆獸在嘶鳴中奔動／綠燈是無際的草原／紅燈是停在水平線上的／落日／想奔　河流都在蓄水池裡／想飛　有翅的都在菜市場」……「在廣告牌圍觀的場景裡／千山萬水全切入建築物的層次／櫥窗的秩序／都標上了價」；「在封閉式的天空與限定的高度裡／鳥只有一種飛法／只有一種叫聲」，於是乎，山變高樓，河變街道，雲變煙塵，海變鬧市，波浪變眼睛，風景變櫥窗，田園變餐廳，荒野變旅館，太陽變男人，月亮變女人，四季變床被，花瓣變唇瓣，露水變酒液，黎明變孕產婦，黑夜變焚屍爐，天空變廣場，地球變鐘錶……㉒

按照羅門的觀點，所謂「第一自然」，乃是人類本源的大自然客體，「第二自然」指人類的文明空間，而「第三自然」則由「第一自然」和「第二自然」的引觸，化作詩人心目中無限的層疊空間。「面臨八十年代西方社會『後現代狀況』以及東漸，羅門尤其認爲『第三自然』的思考模式可以破除無深度、無歷史感的『後現代』式迷惘與吊詭。對於作者、作品、世界與讀者四者而言，『第三自然』的憧憬，並非無法捉摸的空浮，而是落實在創作中的思想母體。」㉓從田園型的「第一自然」與人爲都市性的「第二自然」兩大生存空間，羅門透過詩與藝術轉化開拓他的「內心第三自然」，他指出「當火箭、太空船與電腦等光電科技資訊不斷出現，將人類推入高速的生活環境，人便被越來越快的『速度』、越來越發達的『物質性』與越來越偏重的『行動化』，一層層的捆縛，甚至一層層的復蓋與掩埋，直到內在完全失去省思、靜觀與轉化能力，『空靈』變為『靈空』為止，人的內在便完全失去『現代』情況期間，對『速度化』、『物質化』與『行動化』等重壓所表現的質疑與反抗；而呈現無力感，甚至被動的全面接受。」㉔他所寫的許許多多城市詩，便是他這種「內心第三自然」的體現，試看他筆下的《窗》，詩人對「速度化」「物質化」「行動化」等重壓為何產生質疑和反抗，「猛力一推」即是一例。然而最後還是徒勞無功，「竟被反鎖在走不出去／的透明裡」，㉕一種無力感，被動感，無奈感，悲哀感，全在此流露無遺。

總之，都市給人們極大的物質享受，卻又給人們極大的精神空虛，給人們帶來現代科技文明，卻又使人們失去自然景觀；給人們快速的生活節奏，卻又使人們感到失落和無奈。然而從羅門所寫的都市詩來看，正如蕭蕭所闡述的「以這樣一首《城裡的人》發展下來的結果，便是『慾望』與『惡魔』之道長，而『良心』與『天使』之道消。㉖特別是越往後，這種情況越突出。這點，可以從《城裡的人》（一九五七）作為起點，經過《都市之死》（一九六一）、《都市的落幕式》（一九七二）、《都市的旋律》（一九七六）、《曠野》（一九七九）、《摩托車》（一九八〇）、《生存！這兩個字》（一九八一）、《都市、摩登女郎》（一九八二）、《都市·方形的存在》（一九八三）等一直數下來。在《都市之死》中都市被比作是「不生容貌的粗陋的腸胃／一頭吞食生命不露傷口的無面獸。」㉗在《都市的落幕式》中都市「一身都是病／氣喘在克勞酸裡／癱瘓在電梯上／痙攣在電療院裡／於癲狂症發作的周末／只有床忍受得了你」。㉘在《都市的旋律》中都市更是歇斯底里瘋狂到了極點，㉙這種強烈的動感，使人聯想到卓別林三十年代自導自演反映工業社會生活壓力的默劇。在《曠野》中，都市這頭怪獸，更把自然環境和自然生態一口呑盡了，結果只留下了一個《大同篇》。㉚而《摩托車》則更甚，詩人把它比作「從二十世紀手中／揮過來的一根皮鞭／狠狠的鞭在都市／撒野的腿上／一條條鞭痕／是田園死去的樹根／乾掉的河流」㉛而在《生存！這兩個字》、《都市、摩登女郎》、《都市、方形的存在》等詩中，都市在生存、慾望和頹喪中浮沈、掙扎，㉜至此，詩人唯有以《二十世紀生存空間的調整》的烏托邦幻想來自慰了。「有人帶著田園進城／有人駕著都市入鄉／泥土與地毯既已走進／同一雙鞋通過高速公路，／風景與街景既已美入／同一雙眼睛／大家又天天擠在電視機上／彼此不認識／也會越來越面熟」。㉝

二、他死拉住都市不放　都市也死拉住他不放

都市的「速度化」、「物質化」和「行動化」給人以緊張、雜亂和動蕩的感覺。人們的官能、情緒、心態無不被這三化打下深深的烙印。正如羅門在和林燿德就當代詩對話中明確指出的：「的確，人類逐漸被『速度』、『物質化』與『行動化』的生存處境打敗了，尤其被『速度』打垮正是事實。」「在農業社會，牛車走的速度很慢，它在寧靜廣闊的大自然裡

走，走一步，人可停下來，有時間靜觀生命與大自然是如何進入『山色有無中』的形而上精神境界。」「……工業革命後，蒸汽機、汽車、飛機、太空梭接連湧現，加入人類的生活，速度加快了，人從田園走進都市，建築物圍攏來，就在街口把天空與原野吃掉。一種存在的焦慮感、緊張、動亂與空間的壓迫感，使人內在產生潛意識的壓抑作用。」㉞在羅門的都市詩中，生活在都市裡的各色人等幾乎無一不充滿著這些焦慮感、緊張、動亂與空間的壓迫感，除《都市之死》和《都市的旋律》外，《車禍》可說相當典型：「他走著　雙手翻找著那天空／他走著　嘴邊仍吱唔著炮彈的餘音／他走著　斜在身子的外邊／他走著　走進一聲急剎車裡去／他不走了　路反過來走他／他不走了　城裡那尾好看的周末仍在走／他不走了　高架廣告牌／將整座天空停在那裡」。前面說過，這首詩曾被余光中所引用來說明羅門以超現實手法來寫都市和都市人，認爲其似眞似幻虛實生相的特技只要駕駛有力就有助於詩的藝術，並把羅門和洛夫同提並論。蕭蕭在解說這首小詩時特別提到「一個在炮彈聲中不死的人卻在都市的車群中喪生」，從反諷觀點來看，『具有極大的衝突效果』，由此不難看出都市對人所施予的極大壓力，這種壓力之大竟能制人於死命。這個現代都市的犧牲品若有所失，若有所思，以致六神無主，血肉模糊，而更令人可悲的是整個都市的冷漠無情草菅人命，使本詩具有強烈的社會批判意識」。㊱現代都市生活模式並不是人人都可以適應的，從三代人的身上可以充分說明。這就是羅門另一首詩《「麥當勞」午餐時間》所表現的，詩人在「後記」中寫到這同一時空出現「三處斷層生命現象的中國人」和「貫穿整個時空與歷史文化的大動脈而存在的一個分不開的中國人」」，前者是從現代文明視角看的，後者則從歷史文化視角看的。以全速衝進來的年輕人所表現的無憂無慮與血氣方剛，以「中速」走進來的中年人所引起的鄉思鄉愁與語無倫次，以「慢速」步進來的老年人所流露的惆悵無奈日暮途窮都直接受到都市現代文明的影響和制約，如果人們不「自覺地從文明層面轉化到文化層面上來」那麼「人將被冷酷的機械文明不斷地進行切片」。㊲

羅門筆下的都市人，包括送早報者、擦鞋匠、餐館侍者、歌女、拾荒者、老牌式主婦、標準型風塵女郎、BB型單身女秘書、老處女型企業家、大衆牌情婦、建築工人、馬路工人、玻璃工人、靜坐在書桌前的詩人、推垃圾車的清道夫、擺地攤的小販、賣花盆的老人、落魄的外鄉人乃至刼財刼色的暴徒㊳，都是現代都市文明的產物，詩人寫這些人物時，大多哀其不幸，其中也有怒其不爭或責其不良的。以哀其不幸來說，就有點像另一位臺灣著名詩人瘂弦。瘂弦雖公開表白：「現代詩的工作就是『搜集不幸』」所謂「搜集不幸」，「可以是自己的，可以是他人的；可以是今人的，可以是古人的，也可以是未來的，在廣度上屬空間，在深度上屬時間，都是不幸的領域。詩人能從幸福中體會不幸，將不幸廣義化，所有時空的局限都是一種不幸，詩是一種抗議，一種意見的表達；沒有不幸就沒有詩。」㊴同樣，羅門認爲詩人「除了關心人的苦難；更廣泛的工作，是在解決人類精神與內心的貧窮，賦給生命與一切事物，以豐富與完美的內容。」㊵因之，他所寫的每一個下層人物，在背地裡總是充滿著辛酸悲哀和無奈，餐館侍者如此，歌女如此。建築工人何嘗又不是如此？當曲終人散，曾「在白蘭地與笑聲湧起的風浪裡／遊艇與浪花留一些美麗的泡沫給他」的侍者，剩下孤寂和空虛，「整張臉被請到燈的背面」；當賣笑了一整夜之後，歌女聲喉伸成的那條路，盡頭是「那死在霧裡的廢墟／荒涼有如次晨她那張／被脂粉遺棄的臉」㊶；而那些「把樓頂與天頂／不斷拉近／讓發亮的皮鞋們／將電梯當天梯／踩上去」的建築工人「低頭進土屋」時卻爲個人的「昨天／今天／明天」發愁……㊷除了寫人的不幸外，詩人還表達了他的同情，諸如BB型單身女秘書上班時爲公司竭盡全力，下班後仍要爲總經理繼續效勞就感到不是滋味：「她對鏡／塗一下玫瑰色口紅／忽然發覺自己／也是一種貨色／玫瑰色的／準時交貨」又如對老處女型企業家白天在商場上叱吒風雲不可一世到了夜晚卻獨守空房寂寞冷落也給以深深的同情：「脫下名貴的浪琴錶／時間忽然靜下來。浪無聲／琴也無聲／燈熄後／只有那襲綢質透明睡衣／抱住一個越來越冷感的夜」。㊸

在解決人類精神與內心的貧窮上，羅門作了許多工作。都市人精神委實太空虛了，內心委實太迷惘了，必須有個寄托，有個歸宿。在羅門看來，禮拜堂能拯救他們的靈魂，充實他們的內心!?《教堂》一詩，開頭寫道：「那是一部不鏽鋼洗衣機／經過六天弄髒的靈魂／禮拜日都送到這裡來受洗」，而後「那個潔淨的挺挺的靈魂／又向六天走去／向灰塵滾滾的大街走去」㊹……爲此循環反復，無休無止。而《都市　此刻　坐在教堂作禮拜》則寫得更廣泛、更深入。一連串的排比，將形形色色的都市人的際遇和心態披露無遺：他們在都市中受到種種壓力，從交通、商業、金融、飲食、娛樂、工作、休閑一直到治安、醫務、衛生、等各方面幾乎沒有一處是「安全地帶」，要減輕或消除這些壓力，只有到教堂作禮拜，將心上或身上的焦慮、疲累、空虛、寂寞、傾訴出來，對上帝懺悔，在讚頌聲中祈求寧靜、平安……最後「步上懸空的天橋」，而「天堂在橋下」，㊺另一首《上帝開的心臟病醫院》也寫了都市人所患的各種心病，當所有的「生命喘息在臨界線上／全部垂下頭來／聽從牧師配方」在讚美詩、佈道詞、禱告詞中，呑下一顆顆定心丸，反復向耶蘇和主呼告，於是「世界在一片寧靜中／全部定下來」，㊻然而，即使如此，都市的誘惑、性慾的泛濫仍使人浮蕩，《都市之死》詩說得直截了當：「禮拜日　人們經過六天逃亡回來／心靈之屋　經牧師打掃過後／次日　又去聞女人肌膚上的玫瑰香／去看銀行窗口蹲著七個太陽」，「在這裡　腳步是不載運靈魂的／在這裡　神父以聖經遮目睡去／凡是禁地都成爲市集／凡是眼睛都成爲藍空裡的鷹目」。在都市，無處不是罪惡：「伊甸園是從不設門的」，「文明是那條脫下的花腰帶」。「教堂的尖頂　吸進滿天寧靜的藍／卻注射不入你玫瑰色的血管」，「十字架便只好用來閃爍那半露的胸脯」，而都市最終「死在酒瓶裡　死在煙灰缸裡／死在床上」，「死在文明過量的興奮劑中」。㊼這種都市的墮落，道德的淪喪在《都市　你要到哪裡去》一詩中表現得更淋漓盡致，先看其引言：「神看得見，都市！你一直往『她』那裡去。如果說戰場抱住炸彈；都市！你便抱住『她』——肉彈。（羅門）」，『她』是什麼，這是不言而喻的，世風日下，於今尤甚。再看詩後的附記：「美國詩人桑德堡說：『都市！你是淫邪的！』……的確，當都市不斷將人放逐在腰下的物慾世界，不太容許人到腰上的空靈世界裡來，形成人的生命與內心趨向『靈空』的狀態，導致物慾與性慾的泛濫，確是可慮的。」⑱詩人在他一系列城市詩中，將現代文明和固有文化、物慾世界和精神世界、「形而上」和「形而下」、空靈境界和靈空狀態、純潔健康和下流淫褻的矛盾對立一一加以揭示，以期引起社會的重視，人們的注意，扭轉不良風氣，改變都市形象。再看他寫於一九九一年十月的《「世紀末」病在都市裡》：

「先是銅從銅像裡走回五金行／夢娜麗莎嘴上畫了鬍子／然後是上帝問自己從哪裡來／最後是鞋問路／路問方向／方向問進了一盞快熄滅的燈／關上門來睡／等天亮／過去的過去的過去　呼呼大睡／未來的未來的未來　呼呼大睡／現在　夾在中間　睡不著／便溜跑出去／直跟著失眠的都市／一起抽煙喝酒／一起看裸體畫／一起卡拉ＯＫ／一起張大眼睛倒在興奮劑與安眠藥裡／翻來覆去／一條不帶岸的船／飄航在起伏的海上」。⑲

詩中所描繪的時代和都市都是嚴重的病患者，要靠興奮劑和安眠藥才能苟延殘喘，以致使人憂心如焚而又束手無策，詩中所出現的變形異化的意象，就是羅門著力表現的「第三自然」，旨在扶正人心，挽救世道。但給人的感覺仍是力不從心，百般無奈。

很難設想，在現代都市生活的人們飽受一天重重壓力之後可以夜以繼日、日復一日地工作下去，他們需要興奮劑，而咖啡和煙酒就是他們的消愁解悶的興奮劑，羅門在其《咖啡情》一詩的小引就寫了「『都市！它抓到你的悶處』」。⑳而在《摩卡的世界》中，也有「摩卡咖啡店是城市伸腰鬆腿的地方」這樣的小引，㉑可見咖啡和都市人的密切關係。《咖啡廳》

更以跳躍的節奏、排比的句式來表達人們在咖啡廳裡那種尋求刺激舒緩神經的意念，詩中以換喻和暗喻兩種手法從物寫到人，從人寫到景，直到詩末的最強音「夜／便動起來」嘎然而止，從而將整首詩的主題全盤托出。㊿臺灣詩評家張漢良雖圖解此詩，頗能道出其中的奧秘。㊼至於《摩卡的世界》則是都市中的「世外桃源」，人們可以躲在窗內看窗外的世界，尤其是看到「妙齡女郎把路／走得較她的腰還美／視線望成琴弦時／嘴無意碰一下杯沿／也響出瓷的清脆」更是有聲有色，意趣橫生。而全詩的旨意則在最後一節：「任千萬種煞車／在窗外／罵著街／千萬條腿／在街上／搶著路／再吵再亂／只要咖啡匙／輕輕一調／便都解了」⑭一個「解」字和上一首詩的一個「動」字，此外「用咖啡匙調出生命的深度」的「調」「咖啡把你沖入最寂寞的下午」的「沖」⑮可說都是十分生動的字眼，將咖啡和城市的關係一語道破了，除了咖啡，煙酒也是都市人須臾離開不得的東西：「要知道下午去問咖啡／要認識夜去問酒」，⑯「煙草撐住日子／酒液浮起歲月」⑰「用酒染紅地毯／染紅明天的太陽」⑱「那種酒 總是往那種臉色裡死」⑲幾乎在每一個現代都市中，現代文明之道長固有文化之道消。尤其是文化中的文學，文學中的詩，差不多走上了絕境。只有影視藝術和大眾文化這類還有一些市場，其中電視就比較受歡迎的，它所起的作用並不亞於教堂的禮拜，《電視機》一詩就把它比作「家」，比作「較星空明麗／較天堂迷你」的「一座水晶大廈」，在其中人們可以笑，可以哭，可以來，可以愛，可以跳，甚至可以飛，可以讓靈魂昇華。⑳而在《眼睛的收容所》中，羅門更是強調電視機這「眼睛收容所」的作用：緊張者可以得到寬鬆，焦急者可以得到紓緩，氣急敗壞者可以心平氣和，疲勞不堪者可以全身通泰，因爲這個收容所的容量特大，幾乎無所不包，都市的三教九流芸芸衆生全都可以囊括其中。⑥1只可惜電視節目的製作者未能完全發揮其教化和審美的功能，而使其節目流於一般娛樂的層次之中。這樣一來，詩人唯有將希望寄托在貝多芬的音樂藝術了，他在《有一條永遠的路》中唱道：「要不是貝多芬的樂音／從滿天的風聲雨聲市聲與人聲／穿越過來／將聲音重新調好／使時間恢復原來的秩序／歲月能走出什麼好看的樣子／說出什麼更好聽的話／在貝多芬的樂音裡／有一條永遠的路／讓鳥能飛回剛展翅的地方／花能開回剛開放的地方／河能流回剛流動的地方／人能眞的回到人那裡去」。詩人在這首詩開頭就寫了都市的千奇百怪風雲莫測，尤其暴露了整個社會的千瘡百孔，爭吵不休。附註則引美國故總統肯尼迪的話說：「藝術使人類的靈魂淨化，權力使人的靈魂腐化」，指出貝多芬這一偉大藝術家也就是全人類「心靈世界的老管家」其「樂音走出一條永遠的路同教堂的鐘聲有時平行，有時走在一起。」⑥2其實，只要讀者稍爲留意，就可看到這類題材的主題的作品，在羅門詩集中還有《第九日的底流》、《螺旋形之戀》等⑥3在《太陽與月亮》的第一個序中，羅門談到他的詩觀：「詩與藝術是傳達我乃至全人類內在生命活動最佳的線索。」「詩與藝術能幫助人類將『科學』與『現實世界』所證實的非全面性的眞理，於超越的精神作業中，臻至生命存在的全面性的「眞理」。羅門還作了這兩個假設：如果世界上確有上帝存在，那人們除了皈依宗教外，最好是從詩與藝術之道走到他那兒去；如果他眞的有一天請長假或退休，那只有詩人和藝術能暫時代他看管這個美麗可愛的天堂。因此，詩和藝術不僅是人間而且是天堂用來打開內在世界金庫的金鑰匙。特別要指出的是，羅門在談到藝術時特別強調樂聖貝多芬及其藝術魅力。㊹

綜上所述，早在六十年代，羅門的詩就已「觸及都市人的心靈和都市裡一些容易令人忽視的角落」。到了一九八六年中，草根詩社的《都市詩專輯》仍刊出羅門對都市詩的看法，即詩人面對都市這一生存空間是「以心輪配合時代的齒輪」。㊺簡政珍在《「現代詩」和詩的都市化傾向》一文中談到臺灣「八十年代的都市化傾向越來越明顯，以都市為詩名的作品相繼問世，透過詩人的觀察，鄉村已漸漸沾滿城市的息氣，而城市則在表象的歡笑中在詩裡吟唱悲歌。」並預測將來如有一個所謂的「都市詩」時代來臨，則「對都市有自省自覺兼有和語言對話能力的詩人將是詩壇的主流」。㊻而作為其「先驅」的羅門更是功不可沒。㊼

三、有如大都市建築呈現造型美與多層面景觀

談羅門的城市詩不能不談他的詩觀和詩法。從羅門的許多自白中，人們不難看到他在從事現代詩的創作中，始終以自己的理論來指導自己的實踐，並以自己的實踐不斷豐富自己的理論。臺灣詩人中有的同時又是詩評家或文學藝術理論家，羅門本身就是其中的一位。他的許多詩集，都是全面而系統地談個人詩觀的理論文章，而且不斷修訂不斷補充，使之臻於完美。一九八四年七月出版的《羅門詩選》和一九九二年三月出版的《太陽與月亮》卷首均有《我的詩觀》，但兩篇就不完全一樣，後者比起前者來，就更加具體、更加充實了。而從他

接受別人訪問或總結個人創作經驗所整理出來的文章來看，也是一篇比一篇完美，例如他接受《中市青年》主編秦岳之約所寫的《談詩創作的一些基本問題》（其中第一部分爲「詩創作世界的五大主要支柱」即聯想力、意象、詩語言的特殊功能、結構、意境；第二部分爲「創作之輪」即深入的「觀察力」、深入的「體認力」、強大的「感受力」、卓越的「轉化力」、卓越的「昇華力」）⑱就比他收在蕭蕭編著的《現代詩入門》的《架構詩世界的一些石柱——談詩創作的一些看法與經驗》（其中第一部分爲詩的眞善美；第二部分爲詩人的三要素即才華、執著與專一的精神、內在充分的生命力；第三部分爲創作的十點經驗即觀察力、體認力、想像力、意象世界、「比」「象徵」「超現實」等技法、音樂節奏感、動詞、結構、意境、風格）⑲更加深入，更爲系統。至於與林燿德進行對話的《無深度無崇高的「後現代」》（其中談到詩與多媒體、「知性」與「感性」的雙向性、「現代」與「後現代」的分野、「速度」「物質化」和「行動化」、「三個自然」觀『時間造型觀念和空間造型觀念的統化力』等等）則無論氣度和深度都首屈一指。其對於「第三自然」的思考，本身的發展也是遵循著『螺旋型』的軌跡的。⑳

羅門認爲：「當現代詩人從古詩人偏向一元性自然觀的直悟境界，進入現代偏向二元性的生存世界；從寧靜、和諧、單純的田園性生活形態，進入動亂緊張、複雜、焦急的都市型生存狀況，接受西方現代科技文明的衝激，以及物質繁榮的生活景觀之襲擊，所引發人類官能、情緒、心態與精神意識的活動，都是以大幅度、大容量與多向性在進行」，因之他覺得

「可考慮採取其他藝術的性能來擴展與架構現代詩語言活動的新空間環境」並「企圖使用立體派多層面的組合觀點以及採取半抽象、抽象與超現實的技巧，與電影中有電影（就在詩中溶入一首可獨立又可息息相關的詩）的手法，而使詩境內部在藝術性的設造過程中，獲得較具大規模與立體感的結構形態，有如大都市建築，所呈現層疊聳立的造型美與展示多層面的景觀。」⑪羅門這一詩觀實際上就是他的城市詩觀。從田園性生活形態進入都市型生存狀況，也就是他所說的從「第一自然」進入「第二自然」；而現代科技文明、物質繁榮景觀等正是他說的「速度」「物質化」和「行動化」，也即是現代都市的基本特徵；詩人透過都市生活追蹤人的生命，將都市從各方面來的種種巨大壓力所引發人類官能、情緒、心態與精神意識的反應通過現代或後現代乃到其他藝術包括電影以至建築的技巧和手法來寫出他的城市詩，完成他的「第三自然」。其中，特別值得注意的是，羅門這一詩觀無處不和現代都市的背景息息相關，從他所遵循的「觀察」→「體認」→「感受」→「轉化」→「昇華」的整個創作過程來看，幾乎每一個環節、每一個階段都有都市的影子，從客觀的觀察到主題的體認、感受，再到潛在意識形態的轉化、昇華，都和現代都市緊緊相連。尤其是轉化與昇華的潛在形態，既含有迴旋變化的「圓形」，也含有向頂端上升的「直展型」，兩者在互動中溶合成一螺旋塔的空間造形。⑫詩人通過這種藝術創造所呈現的大規模與立體感的結構形態，更是大都市建築高大巍峨層疊聳立造型美的縮影。

透過都市來追蹤人的生命，是羅門都市詩的主要內容，臺灣詩人辛鬱在評《窗》一詩時說：「在臺灣現代詩壇，羅門是重要詩人之一，並且是特別致力於現代人『心靈開發』的一個前衛詩人」。他的詩「特具一種現代人的浪漫氣息，特別是都市文明所顯現的那種多變的人為的浪漫」，而「窗」，「實際上乃是詩人的第二雙眼睛——心靈」。詩人所見的「已不僅是第一自然中的物象，而是被心靈美化的事物本體，進而展現心靈時空的無限性與永恆的意義。」⑬另一詩人管管也指出：「羅門專著於心靈的探索，強調人的精神與生命」。在他的城市詩中，「批判機械文明而重視人性的眞誠與尊嚴」。⑭詩人向明在羅門一首詩的按語說：「羅門這些年創作了不少『都市』詩，對造成心靈與精神貧血的萎靡都市文明，作了不少無奈的觀察和批判。」⑮從本文所舉的大量例子完全可以說明「羅門是都市叢林中的狙擊手」這個叢林中的毒蛇和猛獸，無一不成為他狙擊的目標。⑯

以各種藝術手法來表現都市與人的豐富內涵，則是羅門都市詩的形式特徵。由於強調藝術表現的多向性，其作品豐富多姿，五彩繽紛。時而以景顯境，時而情景交融，時而透過抽象再現具象，時而用「比」、「象徵」、「超現實」等表現手法乃至電影、繪畫、雕刻、建築等藝術技巧來加以表現。這樣一來，在詩人筆下就有人和事物在時空活動的種種美感。詩人透過都市對「人」的追蹤，除了在現實之中，也可以上天入地，既有現實的場景，也有超越現實的內心場景。正如詩人所指出的：「凡是能引起我們內心感知的生命都去追，不必只限定在某一個方位上去追；可把內心擴大到目視與靈視，看見有人與生命的地方都去追；甚至那躲在克利線條與貝多芬音樂中的看不見的『生命』，也不放去追。甚至那躲在克利線條與貝多芬音樂中的看不見的『生命』，也不放過去追。這樣才能徹底與全面性地達到詩與藝術永遠的企意」。⑰從以上所分析的都市詩中即可看出羅門這種藝術表現的多向性。而羅門在介紹他得意之作《傘》時就將這種多向性作了具體的剖析：「他靠著公寓的窗口／看雨中的傘／走成一個個／孤獨的世界」（現實中的實視空間）「想起一大群人／每天從人潮滾滾的／公車與地下道／裏住自己躲回家／把門關上」（記憶中的實視空間）、「忽然間／公寓裡所有的住屋／全都往雨裡跑／直喊自己／也是傘」（超現實中的實視空間）「他愕然站住／把自己緊緊握成傘把／而只有天空是傘／雨在傘裡落／傘外無雨」（禪悟中的實視空間）。這四種空間由近及遠，由實入虛，由詩入禪，環環相扣，層層深入，充分表現了「現代人生活在現代都市與內心深處至爲嚴重的孤寂感」⑱可說是一個相當典型而又非常突出的例子。

在詩法上，羅門除了重視現代詩的語言和意象外，還特別強調現代詩的架構和句法。他提出「現代詩人應不斷探索詩語言新的性能，即『現代感』、『貼近感』、『立體感』；『現代感』又含有創作的三大卓越性，即『創新性』、『前衛性』與『震撼性』。」⑲還認爲詩人應「面對世界與人類」「發出一己具『獨特性』與『驚異性』的聲音，創造『更具行動化且快速地擊中現代人心感世界的著火點』之意象。⑳他的詩「始終維持著一定的架構和句法，變的是他飛天入地的繽紛意象」。㉑「他自稱他的創作風貌是一盞光度集中穩定的燈，光的放射面繁美，所有閃爍的光無論從上下都會直射過那無形奇異的焦點，放射出更爲明晰輝耀的面貌，以透露出詩人內在深厚的意慾」。㉒由此可見他的詩儘管有繽紛的意象，豐富的比喻，但這些意象和比喻都由一個中心統攝住，通過外表參差不齊實則有條不紊的句法來集中表達詩的主題內涵。臺灣評論家張健在談到羅門詩作時說，其「意象方面頗顯紛繁之態，唯主題凝聚」。⑧³羅青也說：「羅門是最近二十年來新詩人中，最善於製造比喻運用比喻的高手之一」，並認爲羅門「恰當新奇生動」的比喻「能夠把主題深刻挖掘出來」，對詩想的建造與詩情的引發，都有決定性的貢獻和作用。⑧⁴陳慧樺還說：「讀羅門的詩，常常會被他繽紛的意象，以及那種深沈的披蓋力量所懾罩住……不管在文字上、意象的構成上等等，羅門的詩，都是最具有個性的。」⑧⁵正是因爲這樣，他的詩才能爲光度集中穩定，光彩明艷照人的藝術品。

意象繽紛和喻詞連鎖處理不當很容易導致詩秩序混亂不知所云。羅門的詩就極少有這種弊病。他的詩「有諧和統一之情、復有起伏跌宕之景，而後完成一渾然之境」。⑧⁶試看《送早報者》「『昨日』沒有被甏掉／『昨日』坐印刷機偷渡回來了／那是在牛乳瓶的聲響之前／安娜還未游出臂彎之前／他的兩輪車衝出太陽的獨輪車之前／『昨日』像花園般被搬了回來／人們的眼睛擦亮成瓶子／等著插各樣的花／文明開的花　炸彈開的花／上帝愛看或不愛看的花》。⑧⁷早報主要刊登昨日的新聞，故詩人先抓「昨日」作文章，賦以其生動的形象。本來它是已逝時間，但隨著早報的出現並「沒有被甏掉」而是「坐印刷機偷渡回來了」。時間之早在於別人送牛乳之前，在於人們仍酣睡未醒之前，在於太陽還未昇出之前。而當人們醒後讀報看看各種各樣新聞，「眼睛擦亮成瓶子，等著插各色各樣的花」：有現代科技文明的，也有戰場互相殘殺的；有上帝喜聞樂見的，也有人們不感興趣的……其意象的繽紛、喻詞的連鎖，可說登峰造極，但其句法之井然，結構之嚴謹卻出人意外。無怪乎一致被人公認爲佳作。

蕭蕭在論羅門的意象世界時作了這樣的一個比較：「中國現代詩人中，只有葉珊（楊牧）和鄭愁予能在聲采上與羅門爭一短長」，「三者的不同在於取材的迥異，葉珊選擇《水之湄》、《花季》、《燈船》（《傳說》略異），愁予擅寫《夢土上》、《窗外的女奴》，羅門則於都市文明（物質文明）跟人類心靈在眞實時空中搏鬥的悲劇性，做著一種求取穩定的努力。所以，前兩者的聲采有『婉約』之風，乃題材使然（作者之所以選用某種題材，歸根究底還是跟個性與才具有關），羅門則爲了追求心靈的力感與完美性，追求悲劇的意識，而推尋意象聲采，依據羅門自己的術語，這或許就是所謂的『思考性的美感』，『將美建立在精神的深度中』，換言之前兩者從事物中提取美的質素，羅門則賦事物以美。」⑱從選材到立意，從構思到表現，羅門確有他個人的獨特之處，故能和葉珊、鄭愁予並駕齊驅，並以深沈悲壯的聲采風格贏得現代都市的讀者。

最後還特別値得一提的是羅門的城市詩非常強調節奏感和律動性，因此大多能誦能唱。他說：「凡是生命，都必須有呼吸；呼吸產生的節奏與律動，便自然構成音樂性」，「詩人除在詩中表現視覺上的美的畫面外；同時也應重視到聽覺上的音樂性」，「讓詩生命在活動中獲得自由舒暢的『呼吸』。」《都市的旋律》最明顯不過了，那是爲配合作曲家的現代敲打樂而作的，通篇充滿「都市生活的節奏與律動感」。《咖啡廳》、《都市　此刻　坐在教堂作禮拜》、《眼睛的收容所》等詩的一連串排比句就大大增強了詩的節奏和氣勢，使整首詩像都市之夜那樣「動起來」，像都市生活那樣沸騰起來，像城市氣氛那樣從熱烈到冰冷……《車禍》也是如此，短短八句就有深刻的內涵和鮮明的節奏，車禍一前一後，節奏迴然而異，緊緊抓住讀者和聽眾，並引起強烈的共鳴和反響。由於羅門對音樂藝術有一對「音樂的耳朵」。因此筆下的詩行自然音調鏗鏘，節奏鮮明，飛出滿天金光燦爛的音符……。

【附註】

① 羅門：《我的詩觀》，《羅門詩選》，臺灣洪範書店一九八四年七月版第十六頁。
② 古繼堂：《臺灣新詩發展史》，北京人民文學出版一九八九年五月版的一九三頁。
③ 張默：《詩卷序》，《中華現代文學大系·詩卷一》，臺灣九歌出版社一九八九年五月版，第四十五頁。
④ 余光中：《現代詩的一種讀法》，《七十六年文學批評選》，臺灣爾雅出版社一九八八年三月版，第一九一頁。
⑤ 張漢良：《分析羅門一首城市詩》，臺灣《中外文學》，一九七九年第八十四期。
⑥ 轉引自羅門：《我的詩觀》，《羅門詩選》，臺灣洪範書店一九八四年七月版第十四頁。
⑦ 古繼堂：《臺灣新詩發展史》，北京人民文學出版一九八九年五月版的一九二頁。

⑧ 羅青：《詩人之燈》，臺灣東大圖書公司一九九二年七月版，第二四四頁。

⑨ 余光中：《現代詩的一種讀法》，《七十六年文學批評選》，臺灣爾雅出版社一九八八年三月版，第一九一—一九二頁。

⑩ 羅門：〈紐約（NEW YORK）〉，《羅門詩選》，臺灣洪範書店一九八四年七月版，第一〇二頁。

⑪ 蕭蕭：《現代詩裡的城鄉衝突》，《現代詩學》，臺灣東大圖書公司一九八七年版，第一三九—一四〇頁。

⑫ 羅門：《城裡的人》，《羅門詩選》，臺灣洪範書店一九八四年七月版，第二十頁。

⑬ 羅門：《都市之死》，《羅門詩選》，臺灣洪範書店一九八四年七月版，第五十一頁。

⑭ 羅門：《曠野》，《羅門詩選》，臺灣洪範書店一九八四年七月版，第二六五頁。

⑮ 羅門：《紐約（NEW YORK）》，《羅門詩選》，臺灣洪範書店一九八四年七月版，第一〇〇頁。

⑯ 羅門：《都市之死》，《羅門詩選》，臺灣洪範書店一九八四年七月版，第五一—五二頁。

⑰ 羅門：《銀行》，《太陽與月亮》，廣州花城出版社，一九九二年三月版，第一二四頁。

⑱ 羅門：《生存！這兩個字》，《羅門詩選》，臺灣洪範書店一九八四年七月版，第三〇—三三頁。

⑲ 羅門：《都市，方形的存在》，《羅門詩選》，臺灣洪範書店一九八四年七月版，第三三四頁。

⑳ 羅門：《活在框裡的照片》，《太陽與月亮》，廣州花城出版社一九九二年三月版，第八十二頁。

㉑ 羅門：《都市 你要那哪裡去》，《太陽與月亮》，廣州花城出版社，一九九二年三月版，第一二一頁。

㉒ 羅門：《曠野》，《羅門詩選》，臺灣洪範書店一九八四年七月版，第二六三—二六九頁。

㉓ 林燿德：《無深度無崇高點的『後現代』》，《觀念對話》，臺灣漢光文化事業股份有限公司一九八九年八月版，第一九八頁。

㉔ 引自林燿德：《觀念對話》，臺灣漢光文化事業股份有限公司一九八九年八月版，第二一二頁。

㉕ 羅門：《窗》，《羅門詩選》，臺灣洪範書店一九八四年七月版，第一三九頁。

㉖ 蕭蕭：《現代詩裡的城鄉衝突》，《現代詩學》，臺灣東大圖書公司一九八七年版，第一四〇頁。

㉗ 羅門：《都市之死》，《羅門詩選》，臺灣洪範書店一九八四年七月版，第五十六頁。

㉘ 羅門：《都市的落幕式》，《羅門詩選》，臺灣洪範書店一九八四年七月版，第一二九—一三〇頁。

㉙ 羅門：《都市的旋律》，《羅門詩選》，臺灣洪範書店一九八四年七月版，第二一五—二一八頁。

㉚ 羅門：《曠野》，《羅門詩選》，臺灣洪範書店一九八四年七月版，第二六八頁。

㉛ 羅門：《摩托車》，《羅門詩選》，臺灣洪範書店一九八四年七月版，第二九〇頁。

㉜ 參見《羅門詩選》，臺灣洪範書店一九八四年七月版，第三一〇頁、三一四頁、三三四頁。

㉝ 羅門：《二十世紀生存空間的調整》，《羅門詩選》，臺灣洪範書店一九八四年七月版，第三三七頁。

㉞ 引自林燿德：《觀念對話》，臺灣漢光文化事業股份有限公司一九八九年八月版，第二一一頁。

㉟ 余光中：《現代詩的一種讀法》，《七十六年文學批評選》，臺灣爾雅出版社一九八八年三月版，第一九二頁。

㊱ 蕭蕭、楊子潤：《中學白話詩選》，臺灣故鄉出版社一九八〇年版，第一五五—一五七頁。

㊲ 羅門：《「麥當勞」午餐時間》，《太陽與月亮》，廣州花城出版社一九九二年三月版，第一〇七—一一〇頁。

㊳ 參見《太陽與月亮》，廣州花城出版社，一九九二年三月版，第三十一頁、七十二—七十四頁、八十八—九十一頁、九十二頁—九十五頁、一一五頁，《羅門詩選》，臺灣洪範書店一九八四年七月版，第二二一頁、二三三頁、二七三頁、三〇〇頁、三一四頁。

㊴ 痖弦：《痖弦談詩》，《文藝天地任遨遊》，臺灣光復書局股份有限公司一九八八年四月版，第二五〇頁。

㊵ 羅門：《我的詩觀》，《羅門詩選》，臺灣洪範書店一九八四年七月版，第三頁。

㊶ 羅門：《都市的五角亭》，《羅門詩選》，臺灣洪範書店一九八四年七月版，第一一四—一一七頁。

㊷ 羅門：《都市三腳架》，《太陽與月亮》，廣州花城出版社一九九二年三月版，第九一—九三頁

㊸ 羅門：《女性快鏡拍攝系列》，《太陽與月亮》，廣州花城出版社一九九二年三月版，第八十—九十一頁。

㊹ 羅門：《教堂》，《羅門詩選》，臺灣洪範書店一九八四年七月版，第二一九—二二〇頁。

㊺ 羅門：《都市 此刻↑坐在教堂作禮拜》，《太陽與月亮》，廣州花城出版社一九九二年三月版，第七十六—七十七頁。

㊻ 羅門：《上帝開的↑心臟病醫院》，《太陽與月亮》，廣州花城出版社一九九二年三月版，第七十

八—七十九頁。

㊼ 羅門：《都市之死》，《羅門詩選》，臺灣洪範書店一九八四年七月版，第五十一—五十八頁。

㊽ 羅門：《都市　你要到哪裡去》，《太陽與月亮》，廣州花城出版社一九九二年三月版，第一一五—一二三頁。

㊾ 羅門：《「世紀末」病在都市裡》，《八十年詩選》，李瑞騰編選，臺灣爾雅出版社一九九二年四月版，第二〇三頁。

㊿ 羅門：《咖啡情》，《羅門詩選》，臺灣洪範書店一九八四年七月版，第二一三—二一四頁。

51 羅門：《摩卡的世界》，《羅門詩選》，臺灣洪範書店一九八四年七月版，第三三八頁。

52 羅門：《咖啡廳》，《羅門詩選》，臺灣洪範書店一九八四年七月版，第二一一—二一二頁。

53 轉引自陶梁選編《臺灣現代詩拔萃》，廣西漓江出版社一九八九年一月版，第二三九頁。

54 羅門：《摩卡的世界》，《羅門詩選》，臺灣洪範書店一九八四年七月版，第三三八—三四〇頁。

55 羅門：《我的詩觀》，《羅門詩選》，臺灣洪範書店一九八四年七月版，第五—六頁。

56 羅門：《都市的旋律》，《羅門詩選》，臺灣洪範書店一九八四年七月版，第二一七頁。

57 羅門：《都市之死》，《羅門詩選》，臺灣洪範書店一九八四年七月版，第五十三頁。

58 羅門：《外鄉人》，《羅門詩選》，臺灣洪範書店一九八四年七月版，第二七三頁。

59 羅門：《都市的落幕式》，《羅門詩選》，臺灣洪範書店一九八四年七月版，第一三〇頁。

60 羅門：《電視機》，《羅門詩選》，臺灣洪範書店一九八四年七月版，第二八八—二八九頁。

⑹ 羅門：《眼睛的收容所》，《太陽與月亮》，廣州花城出版社一九九二年三月版，第八十頁。

⑹ 羅門：《有一條永遠的路》，《太陽與月亮》，廣州花城出版社一九九二年三月版，第一三四—一三五頁。

⑹ 參見《羅門詩選》，臺灣洪範書店一九八四年七月版，第三十六頁、八十六頁。

⑹ 羅門：《序——我的詩觀》，《太陽與月亮》，廣州花城出版社一九九二年三月版，第三—四頁。

⑹ 簡政珍：《由這一代的詩論詩的本體》，《詩的瞬間狂喜》，時報文化出版企業有限公司一九九一年九月版，第八十二頁。

⑹ 簡政珍：《「現代詩」和詩的都市化傾向》，《詩的瞬間狂喜》，時報文化出版企業有限公司一九九一年九月版，第八十二頁。

⑹ 余光中：《現代詩的一種讀法》，《七十六年文學批評選》，臺灣爾雅出版社一九八八年三月版，第一九二頁。

⑹ 羅門：《談詩創作的一些基本問題》，《名家創作經驗》，臺灣業強出版社一九九三年三月版，第一八〇—一九三頁。

⑹ 羅門：《架構詩世界的一些石柱》，《現代詩入門》，臺灣故鄉出版社一九八二年二月版，第一九五—二〇〇頁。

⑺ 羅門：《無深度無崇高點的『後現代』》，《觀念對話》，臺灣漢光文化事業股份有限公司一九八九年八月版，第一九三—二一五頁。

(71) 羅門：《我的詩觀》，《羅門詩選》，臺灣洪範書店一九八四年七月版，第六—七頁。

(72) 羅門：《無深度無崇高點的『後現代』》，《觀念對話》，臺灣漢光文化事業股份有限公司一九八九年八月版，第二一四頁。

(73) 轉引自《臺灣新詩鑑賞辭典》，山西北岳文藝出版社一九九一年十二月，第三三三—三三四頁。

(74) 轉引自《臺灣文學家辭典》，廣西教育出版社一九九一年七月版，第三八四頁。參見楊昌年《新詩品賞》，臺灣牧童出版社一九七八年九月版，第三七一頁。

(75) 參見《七十五年詩選》，臺灣爾雅出版社一九八七年三月版，第一一六頁。

(76) 李瑞騰：《八十年代詩選》，臺灣爾雅出版社一九九二年四月版，第二〇三—二〇四頁。

(77) 羅門：《我的詩觀》，《羅門詩選》，臺灣洪範書店一九八四年七月版，第二—三頁。

(78) 羅門：《我的詩觀》，《羅門詩選》，臺灣洪範書店、九八四年七月版，第十九—二十頁。

(79) 羅門：《我的詩觀》，《羅門詩選》，臺灣洪範書店一九八四年七月版，第五頁、二十頁。

(80) 羅門：《我的詩觀》，《羅門詩選》，臺灣洪範書店一九八四年七月版，第八頁。

(81) 向明：「編者按語」，《七十五年詩選》，臺灣爾雅出版社一九八七年三月版，第一一六頁。

(82) 轉引自楊昌年《新詩品賞》，臺灣牧童出版社一九七八年九月版，第三七一頁。

(83) 張健：《論羅門的〈第九日的底流〉》，《中國現代詩論評》，臺灣純文學月刊社一九六八年七月版，第一六三頁。

(84) 羅青：《羅門的〈流浪人〉》，《從徐志摩到余光中》，臺灣爾雅出版社，第一七五頁。

㉟ 轉引自《羅門詩選》，臺灣洪範書店一九八四年七月版，第十四頁。

㊱ 蕭蕭：《論羅門的意象世界》、《現代詩學》，臺灣東大圖書公司一九八七年版，第四一六頁。

㊲ 羅門：《都市的五角亭　送早報者》，《羅門詩選》，臺灣洪範書店一九八四年七月版，第一一三一一四頁。

㊳ 蕭蕭：《論羅門的意象世界》，《現代詩學》，臺灣東大圖書公司一九八七年版，第四一八頁。

本文選自文史哲出版社出版的「羅門蓉子文學世界研討會論文集」

■王一桃：詩人、專欄作家，從事文學評論。

「城市詩國的發言人」——羅門都市詩

陝曉明

都市是羅門所謂「第二自然」的集中代表，通過對「第二自然」的心靈體悟，羅門創造出不少屬於「第三自然」的詩作。在臺灣詩壇，羅門是都市文學的最早嘗試者，被評論家們稱之謂「城市詩國的發言人」、「在文明塔尖造塔的詩人」。

一九五七年，羅門的眼光已經投注到當時都市文明還不怎麼突出城市生存空間，寫出了一首《城裡的人》。這首詩意象單純，但已經能夠顯示出羅門眼光的敏銳了。這樣的詩句：「他們的腦部是近代最繁華的車站／有許多行車路線通入地獄與天堂／那閃動的眼睛是車燈／隨時照見惡魔與天使的臉／他們擠在城裡／如擠在一隻開往珍珠港去的船上／慾望是未納稅的私貨，良心是嚴正的官員」已經有相當的深度。這種對都市文明的體認所表現出來的詩人的「前衛性」讓人驚異。

六十年代之後，羅門的眼光不斷地投注到都市這塊新的生存空間，而這塊新的生存空間又不斷刺激與調動著他的詩想，由此他創下了大量的都市詩，多方面地反映著都市文明的各種形態。

羅門對都市文明的態度，前後略有不同。前期，鄉村文明所生成的潛意識的存在，使他對都市文明有一種天然的憎惡。早期作品如《都市之死》等詩，基本上是對都市文明的反抗，對都市罪惡的揭露。而隨著都市化程度的提高，對都市文明體悟的進一步深入，對都市文明就不再是全盤否定，而更多的是客觀的反思，既有認同也有不滿。而從整體上看，羅門則是以批評的眼光來看都市的，他的詩可以看作是對都市罪惡的揭露，或對都市潛在危機的預示。

簡單地劃分起來，羅門的都市詩，可分爲兩類：一類是宏觀的掃描，是對都市生存環境、生存狀況的批判性展示；一類是微觀的剖析，具體到生活與都市文明狀態下的各類飲食男女，通過對衆生相的描摹，展示給我們多姿多態的都市生活風采。

很早羅門就驚呼：「都市你造起來的，快要高過上帝的天國了」。都市的生存空間是被林立的山似的大廈所佔據的，山水風物被封死在高聳的樓峰之間，人們的視線望不出去，只能侷促於都市的狹小空間之中苟延殘喘。羅門稱這種空間爲「方形的存在」，在這裡，「天空溺死在方形的市井裡，山水枯死在方形的鋁窗外」，眼睛想向外望，又總是被一排排「方形的窗」看回來，最後便只能在餐桌上、麻將桌上，找方形的窗，或者，從電視機「方形的窗」裡，逃走（《方形的存在》）。這不能不說是一種生存空間的危機與悲劇。

而從積極方面看，都市的存在以及都市文明的發展，又是對人類生存空間的調整，都市化發展起來：「公寓與鄉居／坐在高速公路的兩端／瞪目相看」，二者不能不說有一種天生就的矛盾，互相排斥。然而兩者的和平相處，也有特別的趣味，所以：

以後的日子

只要高速公路一直在通車
便有人帶著田園進城
有人駕著都市入鄉
泥土與地毯既已走進
同一雙鞋
風景與街景既已美入
同一雙眼睛
大家又天天擠在電視機上
彼此不認識
也會越來越面熟

——《二十世紀生存空間的調整》

這不是一種新的生活風貌嗎？

實際上，這是樂觀的看法。但都市的存在，除了提供新的生活空間，提供了高度的物質文明外，這種高度的物質文明，也在主要的一方面造成了人的異化。詩人羅門以心眼敏銳的注視，並給予無限的寓示，使都市中陰暗的存在無所遁逃。

《都市之死》奠定了批判的基調，而後的《都市的旋律》、《都市的落幕式》、《都市心電圖》、《都市，你要往哪裡去》、《卡拉OK》、《咖啡廳》等等，都是對都市生存狀況的批評性展示。

都市是被「速度」、「物質化」、「行動化」全部占領的，「在這裡，腳步是不載運靈魂的／在這裡，神父以聖經遮目睡去／凡是禁地都成爲市集／凡是眼睛都成爲藍空裡的鷹目／如行車抓住馬路急馳／人們抓住自己的影子急行／在來不及看的變動裡看／在來不及想的回旋裡想／在來不及死的時刻裡死」（《都市之死》）。所以，都市旋律是快節奏的，在紅綠燈之間，車擠車、人擠人，快車道、慢車道、地下道、天橋上，是匆忙的人流，摩登女郎、藍衣哥們、流行歌曲、酒店、咖啡廳、妓女、鈔票等衝擊著人們的神經（《都市的旋律》）。銀行是一位人見人愛、迷死人的艷婦：「百貨公司打開店門等她／餐廳飯館打開嘴門喊她／酒廊賓館打開紅門拉她／奉獻箱打開善門接她／千萬人打開心門眼門腦門／看她想她」（《銀行》），錢成爲一切的主宰。「卡拉OK」一來，整座城市都被瘋狂的踩下去：「腦空出來不思，心空出來不想，全讓給身體動」，「把生命跳到肉體的位置，碰是身體，抱也是身體」，人都回到原始的本能中去（《卡拉OK》）。所以在《咖啡廳》裡，也就只有：

一排燈
排好一排眼睛
一排杯子
排好一排嘴
一排椅子

排好一排肩膀
一排裙子
排好一排腿
一排胸罩
排好一排乳房

一切都被物化和肉慾化。而上帝和信仰全歸爲虛無，「禮拜日，人們經過六天逃亡回來／心靈之屋，經牧師打掃過後／次日，又去聞女人肌膚上的玫瑰香／去看銀行窗口蹬著的七個太陽」，甚至「在復活節，一切死得更快」（《都市之死》）。難怪詩人要驚呼：「都市你一身都是病」，「誰也不知道你坐上垃圾車往哪裡去」，並直陳：「如果說戰場抱住炸彈；都市，你便抱住她——肉彈」。而且啞然於都市的心電圖上找不到「心」的位置，「自己」的位置。一句話，都市將原本「空靈」的世界變成了「靈空」，都市已經死了，表面的繁華已經掩飾不住，正如「一隻雕花的棺，裝滿走動的死亡」。

當羅門靈視的焦點對準都市「人」的時候，都市各色男女在快鏡頭的掃描下，以各自的生活情態展示著都市的面貌。羅門往往以快速而準確的速寫式詩句出之，流盪著都市應有的快節奏。

女性是都市文明的宏物，女性的變化風貌大致上反映了都市的變化，因此，羅門的鏡頭首先對準女性。

都市充滿了肉慾，而女性又往往是肉慾的對象或肉慾的化身，因此，透過「性」的濾色鏡來拍攝女性鏡頭更具有都市風情。於是，在羅門筆下，迷你裙「裁紙刀般，刷的一聲／將夜裁成兩半／一半剛被眼睛調成彩色版／另一半已印成愛凰牌床單」（《迷你裙》）。而露背裝便成了「沒有欄杆的天井」，「廿世紀新開的天窗」，眼睛則因此而「亮成星子，把那片天空照得閃閃發亮」（《露背裝》）。所以，瘦美人站在街上，則「眼球與地球一起轉，直到她走動」（《瘦美人》）。摩登女郎走到街上：「整座城跟著她扭動，沒有不被扭開的」，充滿了「性」的意象或暗示，而且有一種誇張著的諷刺。另如《標準型風塵女郎》的「只是那野得非常危險的原始」，《大衆牌情婦》的「只要那地方／不設門牌戶籍法院與禮堂／給她一張床／讓她心驚肉跳／她也敢把天翻過來睡」，也同樣由「性」見人，以尖銳的諷刺出之。

另一方面，羅門在涉及女性的生存悲劇時，就不再是諷刺了，而在不無調侃之際，傾注了更多的同情。《老牌式主婦》中主婦的生命由三部份構成：媽媽、廚師、妻子，所以她的一生「乳嘴咬去她三分之一，菜刀切去她三分之一，剩下的，用來綉愛鳳牌床單」，她似乎從來沒有做過她自己。《BB型單身女秘書》中的女秘書則不過是一種讓人欣賞的花瓶而已，「她對鏡／塗一下玫瑰色口紅／忽然發覺自己／也是一種貨色／玫瑰色的／準時交貨」。玫瑰通常是愛的象徵，而於她，則意味著什麼呢？《老處女型企業家》中的主角在這物質上是優裕的，她能「把世界存放在銀行裡，用支票支付歲月」，但再豐厚的物質享受又怎能抗拒精神的孤寂與無奈呢，所以當她「帶著笑聲回房，脫下名貴的浪琴錶」的時候，「時間忽然靜下來／浪無聲／琴也無聲／燈熄後／只有那襲綢質透明睡衣／抱著一個越來越冷感的夜」，這實質上是生存無聲的悲劇，所以羅門滿含悲憫與同情展示給我們以殘酷的眞實。

和對女性的描繪相較，羅門筆下的男性均非都市中引人注目的角色。「送早報者」、「擦鞋匠」、「餐館侍者」、「拾荒者」、「建築工人、馬路工人、玻璃工人」、以及「賣花盆的老人」、「推垃圾車的老李」等羅門詩中的主角都是都市社會裡卑微的小人物。單只刻劃這些下層人物並不能全面地立體地再現都市，這羅門自己也該知道。而集中刻劃下層人物，最主要的是因爲羅門是以批判的眼光看都市的，以下層人物爲視角就能更集中地反映都市文明的陰暗部分而對都市面臨的危機予以及早的警示。通過這些小人物的存在正可以暗示整個都市的悲劇性存在。所以拾荒者「背起拉屎的城／背起開花的墳地／在沒有天空的荒野上／走出另一些雲彩來／在死的鐘面上／呼醒另一部份歲月」，而推垃圾車的老李則把破銅爛鐵「倒在廢墟上／塑造著都市的背影／歲月的背影／自己的背影」。

都市中人的存在充滿了悲劇性，寂寞、孤獨，是都市人存在的普遍困境。作於不同時期的《流浪人》（一九六六年）、《窗》（一九七二年）、《傘》（一九八三年）很形象地表現了這一點。

流浪者不是都市人，僅只是流浪到都市而已，影子是他「隨身帶的一條動物」，他帶著它「朝自己的鞋聲走去／一顆星也在很遠很遠裡　帶著天空在走／明天　當第一扇百葉窗將太陽拉成一把梯子／他不知是往上走，還是往下走」這種沒有目的性的茫然不也可以說是都市人的一種寫照嗎？而《窗》則在一瞬間的動作裡展示出現代人絕大的悲劇：

猛力一推　雙手如流
總是千山萬水
總是回不來的眼睛

遙望裡
你被望成千翼之鳥
棄天空而去　你已不在翅膀上
聆聽裡
你被聽成千孔之笛
音道深如望向往昔的凝目

猛力一推　竟被反鎖在走不出
　　　的透明裡

人的眼睛望出去，竟被無邊的透明反鎖，這種感覺極爲敏感，而這種感覺到的存在狀態不是充滿了荒謬甚至絕望嗎？《傘》則以傘爲喻引發奇思妙想。都市人在雨中因傘而分隔爲一個個孤獨的世界，人們互不相屬，互相躲避，這已成一種悲劇性的存在了，而「忽然間／公寓裡所有的住房／全都往雨裡跑／直喊自己／也是傘」，悲劇又更擴大了一層，然而沒有完，「他愣然站住／把自己緊緊握成傘把／而只有天空是傘／雨在傘裡落／傘外無雨」，頗顯荒謬的悲劇性存在擴及整個宇宙，人除了寂然無語外，還能做什麼？

處理都市中人與都市關係的題材，作於一九八四年的《麥當勞午餐時間》可說是傑作。羅門從文明的窗口看到在「麥當勞午餐時間」同一時空出現的中國人，竟有三處斷層的生命現象：年輕人、中年人、老年人；從文化的窗口看到的則是從歷史的變化中顯露出來的都市文化的特質。年輕人屬於這個年代，是最積極的新事物的擁護者，充滿了活力與生機，於是出現的年輕人是「一群」，他們「帶著風／衝進來／被最亮的位置／拉過去／同整座城市坐在一起」，過著「迷你而帥勁的中午」。中年人則有疲憊，有「鄉」愁，他們已不完全屬於這個時代了，所以詩中出現的中年人不過「三、二人」，他們「坐在疲累裡／手裡的刀叉／慢慢張開成筷子的雙腳／走回三十年前鎮上的小館」，當年輕人風風火火來去的時候，他們聽見的是「寒林裡飄零的葉音」。而老年人則完全生活在過去的時代裡，現代都市文明對他們而言不可思議，眼前的一切只能幻化成記憶。於是有「一個老年人／坐在角落裡／穿著不太合身的／成衣西裝／吃着不太合胃的漢堡／怎麼想也想不到／漢朝的城堡那裡去／玻璃大廈該不是／那片發光的水田」，他們只能枯坐成一顆「室內裝璜的老松」，成爲新時代格格不入的點輟品或班點。於是，透過三代人與都市的聯繫，對都市人的心態便有了一次全面的透視與宣示。

以上所述，羅門透過「都市」這一生存空間，給予我們一幅龐大的立體圖景，這一圖景正是二十世紀所不能不面對的，而面對這悲劇性的存在，從羅門的詩的警示中，當能獲得不少啓示。

另外，第二自然的超市與第一自然的山水田園是無法分開的。對山水田園的向往也往往滲透到都市情調中，所以羅門的不少詩都出現了山水田園的意象。如《咖啡園》裡的「月色」、「泉音」、「斷橋」、「急流」、「浪」等均是從第一自然轉化過來的。

另一方面，被都市文明束縛久了，人就有一種如羅門《逃》所表示的「逃」回大自然的慾望。如《晨起》所描繪的「站在清晨的樓頂上／一呼吸／花紅葉綠／天藍山青／一遠看／腳已踩在雲上」。對與一顆向望自然的心靈，即使是站在高樓大廈之間，他的靈視也能「悠然見南山」的。羅門的不少描繪大自然的詩如《山》、《河》、《海》、《溪頭遊》、《海邊遊》、《觀海》、《曠野》、《日月的行蹤》等等都可以看作是都市文明狀態下的田園變奏。

（本文撰用自「羅門蓉子文學世界學術研討會」論文集（臺灣文史哲出版社出版）中陝昭明寫的論文中有關評論都市詩的部份）

■陝昭明：作家，從事文學理論批評，中山大學臺港文學研究所研究員

新詩未來開展的根源問題

李正治

新詩的「新」與「現代」

到目前爲止，新體詩已被確認是現代人尋求鍛鍊白話的語構，以表達現代人之生活情境的最佳詩體。早期由新文學運動帶出的「新舊分野」的尖銳問題，現在漸由詩史演進趨勢的了解而獲得解決。當時新詩之所以「新」，明確地落在「使用白話」和「打破平仄、押韻的格律」上，而其後新詩之進入「現代」，則以詩人在現代時空的定位爲始點，把西風殘照的古典境象、氣氛清除，以現代人面對現代環境中的事物所激發的直接感受或複雜意識爲表現主體，呈現詩的「現代性」。這種現代的走向越到七〇、八〇年代前期的十餘年間，越趨明顯。中外文學創刊初期，由顏元叔揭櫫的「社會意識」，夏潮雜誌強調的「本土意識」，以至由創作題材的開發所形成的新詩類，如政治詩、環境生態詩、都市詩、科幻詩等，不管是對現代人生活周遭事物的反映或批判，基本上都是有別於古典境象的現代精神的展現。不過在這個主要的趨勢之外，懷念古典意境而心靈未現代化的詩人亦有之，這或許是由於古典詩詞的耽溺，並對現代詩的語言缺乏音樂性與詩意而有的融接古典的行動吧！但由於不能體認

「現代性」之所在，語言上的古典氣氛失去詩史衍展中足以相應的正確基盤，實無以眞正拓展新詩的未來。

如果以「現代性」爲新詩發展的一個正確走向，那麼羅門的一段話正可作爲「現代詩」的宣言：「由於現代生活引發新的物境與心境，使我們的經驗世界斷然有了新的變故，加上知識的爆發，使我們對外在世界的觀察與認知也有新的變故，這都在在推動詩人去表現一個異於往昔形態的創作世界，這並不含有背棄傳統，這只是必須向前創作新的傳統。」站在這個基點上，我們才可能更正確地看新詩開展的一些問題。

這段文字摘錄自李正治教授在「文訊」雜誌（一九八七年二月十日）寫的「新詩未來開展的根源問題」

■李正治——文學批評家、國立臺灣大學外文系教授。

【策劃者簡介】

林耀德，1962年生，輔大法律系畢業。現爲專業作家、中國青年寫作協會秘書長。爲臺灣傑出的詩人、散文家、小說家與評論家。著有詩集《一九九〇》等六種，評論集《羅門論》等五種，小說《非常的日常》等八種，另著有散文、劇作、傳記多部。曾獲時報科幻小說獎，時報文學獎新詩推薦暨散文甄選首獎，新聞局圖書主編金鼎獎暨優良電影劇本獎，梁實秋文學獎等二十餘項。

羅門創作大系

〈卷一〉戰爭詩

〈卷二〉都市詩

〈卷三〉自然詩

〈卷四〉自我・時空・死亡詩

〈卷五〉素描與抒情詩

〈卷六〉題外詩

〈卷七〉《麥堅利堡》特輯

〈卷八〉羅門論文集

〈卷九〉論視覺藝術

〈卷十〉燈屋・生活影像

〔封面設計／林燿德〕

ISBN 957-547-942-4
08502
9 789575 479428